小学校英語サポートBOOKS

外国語活動・外国語授業の
ユニバーサルデザイン
英語ゲーム&
アクティビティ
80

瀧沢広人 監修
葛西希美 著

明治図書

序文　特別支援学級の子どもたちが楽しむ！授業ネタが満載

　私は仕事柄，大学生による教育実習の授業を観ることがあります。

　ある時，ゼミ学生が特別支援学級へ配属となり，英語授業を行いました。すると，特別支援学級の子どもたちがとても楽しく学習に取り組んでいる姿に出会いました。

　私はそれを見たとき，ゼミ学生の「子どもたちを惹きつける力」また「子どもたちへの対応力」が，当然，優れていることも事実でしたが，同時に，彼女の用いる**活動や指導ネタが，子どもたちを英語学習に駆り立てている**ことが，授業を成立させている要因であると感じたのでした。Don't Say game では，子どもたちは聞いた音声を繰り返し声に出し，非常に楽しい様子で学習していました。

　そういった特別支援学級の子どもたちが喜ぶ授業，前のめりになる授業は，きっとどの学級でも，子どもを惹きつける授業となると確信しました。まさしく，ユニバーサルデザインです。

　おそらく彼女は，本時の授業までに，指導教官の授業を観察し，また，指導教官と共に授業について綿密に考え，本時の授業を決定し，そのような指導ネタを選び，獲得したのでしょう。私は，彼女の授業に感動し，授業が終わると指導教官に，「ユニバーサルデザインの視点で，英語の活動ネタ，指導ネタで，本を１冊書きませんか」と打診しました。すると，二つ返事で「はい。書いてみたいです」と返事があり，本書の刊行につながりました。

　本書の特徴は，以下にあります。

①特別支援学級の子どもたちが楽しく学習！
②小学１年生から使える英語授業＆年間指導計画！
③学級全員が楽しむユニバーサルデザインを意識した授業展開！
④英語指導パーツ満載の活用本！

　英語の授業は，どちらかというとパーツで成り立っています。５分のパーツが９つ集まると45分の授業になります。著者である葛西希美氏も「活動を短い時間ごとに区切る」と言っています。それが，授業をテンポ付け，飽きのこない授業となるのです。

　英語教師としての授業力を上げるには，私は，そういった「パーツの指導力」を高めていくことが近道であると考えています。そのためには，本書にあるような活動を，授業で実際にやってみて，自分のものとしていくとよいと考えます。

　子どもを授業にのせる技を増やしていって，得意パターンを創っていくのです。

　最初は，真似からで構いません。真似る中で，必ず，授業者の個性が加わります。そして，よりよい形へと進化していきます。

まずは，数多くの**指導技術を得ること**だと考えます。

　できるだけたくさんの指導方法を知り，実践し，子どもたちの反応等も見ながら，指導パーツを習得し，小学校英語教師としての授業力を獲得していきましょう。

　また，P-D-C-A でなく，D から始めてみたらどうでしょうか。まずはとりあえずやってみるのです。D-C-A-P とするのです。

　授業で大切なことは2つあります。1つは，「授業を楽しくすること」，もう1つは，「学習が苦手な子の立場に立つこと」です。

　「楽しさ」は，授業の基本であり，**授業が楽しくできて，次がある**と思っています。どんなに理想的な授業をしていても，子どもが楽しくやっていなければ，効果的な結果が望めません。楽しさが土台にあり，その上で，「英語がわかる」とか，「英語が話せるようになった」ということにつながります。では，授業を楽しくするにはどうしたらいいでしょうか。

　1つ目は，「**ネタの楽しさ**」です。子どもの興味・関心を引く，身近な話題で，子どもを惹きつけるのです。そのためには，日常生活の中から，楽しさを見つける目をもちます。

　2つ目は，「**活動の楽しさ**」です。活動が楽しければ，必然的に授業は楽しいものになります。できるだけ，シンプルな活動がよいです。シンプル・イズ・ザ・ベストで，楽しい活動を意識します。複雑な思考を要する活動は，混乱を招き，活動をつまらなくします。

　3つ目は，「**わかる・できる楽しさ**」です。なんとか工夫して，子どもたちが「わかった！」「できた！」ということを実感させるようにします。英語はとかく，「わかった！」「できた！」とあまり感じることがない教科です。でもそこを，例えば英語を聞かせたとき，「英語が聞けた！」「内容がわかった！」と思わせたり，成果物を作って自分の成長を自覚させたり，可視化させていく工夫も必要でしょう。ここは，小学校の先生方はお得意かと思います。また，当然ながら，褒めて育てることは，とても大事です。

　「学習が苦手な子の立場に立つ」ということは，**希望をもたせること**です。どの子も学びたい，どの子もできるようになりたいと思っています。特に，学級の中には，特別支援を要する子どもがいます。細部にわたって丁寧に指示をしなくては理解できない子どももいます。文字を写すのが苦手な子どももいます。しかし，どの子もできるようになりたいと思っているのです。その子たちに，できるだけ優しい教員でいたいです。教育に愛が必要だとするならば，特にそういう子に愛を注ぎたいです。Chapter 3と4のゲーム＆アクティビティには，「全員で楽しむポイント」があります。英語の苦手な子への配慮が明記されていますので，子どもへの配慮を合わせて，授業実践を行っていってもらえたらと思います。

　そして，何より大切なことは，「教師自身が授業を楽しむこと」です。著者の葛西氏も「先生が全力で楽しむ（p. 20）」と言い切っています。私も同感です。教師が楽しめば，子どもも楽しみます。気分高らかに，教室へ向かいましょう。楽しさは，伝染するのです。

2021年9月　　　　　　　　　　　　　　　　　　　　　岐阜大学教育学部　瀧沢広人

まえがき

　この本を手に取ってくださり，ありがとうございます。

　あなたは「どうしたら外国語活動・外国語の授業を子どもたち全員が楽しむことができるのだろう」「子どもたち全員がわかった！できた！と言える外国語活動・外国語の授業をつくるためにはどうしたらいいのだろう」と悩んだことはありませんか。「支援が必要な子どもたちに，英語の授業なんて負担が大きすぎる」「塾や習い事などで子どもたちの英語力に差があり，英語が苦手な子どもたちが参加できなくなってしまう」という声を聞くこともよくあります。また，「楽しんでいるだけで身に付いているように感じられない」「できるようにさせようとすると楽しくなくなってしまう」というように，できるようになることと楽しく取り組むことの両立が難しいと感じる人もいることでしょう。もしくは，あなた自身が「自分は英語が苦手だ」という意識をもっていて，英語の授業に抵抗を感じてしまっていることもあるのではないでしょうか。正直，私も同じことを思い，悩み，日々試行錯誤を繰り返していました。

　では，どうしたらよいでしょうか。その答えとして執筆したのが本書です。本書は，「学級全員がわかる！楽しむ！外国語活動・外国語の授業」をつくることを目的として執筆しました。子どもたちはもちろん，あなた自身もわかる！楽しむ！授業をつくることができます。子どもたちの能力の差に関係なく，むしろ１人１人の能力の差，個性を生かし，誰もが輝く授業づくりを行います。よく考えると，外国語活動・外国語科の授業では，コミュニケーションを図る素地・基礎となる資質・能力を育成することを目指していたはずです。コミュニケーションは１人で図ることはできません。そこには必ず他者の存在があるはずです。私は，自分のことを伝えて相手にわかってもらい，相手のことを知ろうとして受け入れる，そんな心と心が通じ合うことこそコミュニケーションだと考えています。ということは，一個人の問題ではなく，他者あっての資質・能力なのです。そのことを念頭においておけば，子どもたち誰もが主役になり，他者を生かし合える授業をつくることができるのです。

　本書では，特別な支援が必要な子どもたちも含め学級全員が楽しめる小学校英語授業のつくり方を紹介しています。まずは，今すぐ取り入れられる，ここさえ押さえておけば子どもたち全員が夢中になって取り組める10のポイント。続いて，特別支援教育の視点を取り入れた年間指導計画や授業デザインなど，小学校英語を組み立てていく視点。そして，明日の授業からできる，今まで実践して子どもたちが活動に夢中になったゲームやアクティビティなど数多く紹介しています。ぱらぱらとめくり，先生が「これはおもしろそうだ」と感じたものをまずはやってみてください。ちょっとした先生の構えやアイデア・工夫で，子どもたちの食いつきは大きく変わってくるはずです。本書が，子どもたちも先生も，わかる！楽しむ！外国語活動・外国語の授業づくりにつながり，子どもたちや先生方の喜びの一助になれたら幸いです。

私は，まだ教職に就いて６年しか経っていません。しかし，ありがたいことに，この６年で小学校の担任をさせていただきながら，１～６年生の全学年の子どもたちと，そして１～６年生の特別支援学級の子どもたちと共に，小学校英語に取り組む機会をいただきました。このような恵まれた環境の中で，気づいたことがたくさんあります。その中で，特に私に気づきをくれたエピソードをご紹介します。

○ episode 1：学習が苦手な６年生の男の子の話

　「ぼくは全然勉強ができなくて授業の時間がつまらなかった。みんなと話したり発表したりするのも好きじゃなかった。けれど，英語の授業ならみんながぼくの伝えたいことを真剣に聞いてくれて知ろうとしてくれるからとっても嬉しかった。いつもは話さない子とも英語の授業なら話せるから楽しい」と授業の後に言いに来た６年生の男の子がいました。英語という普段使っていない言語を用いてコミュニケーションを図ることで，子どもたちは何とか相手のことを知ろうとします。それが拙くても，少し間違っていても相手の伝えたいことをわかろうとします。自分が大切にされていることがわかると誰でも嬉しくなるものです。また，英語の時間だからこそ話せること，わかり合えることが多くあります。英語を通して，自分のことを自分らしく表現し，お互いのことを知ることは居心地のよい関係づくりにもつながります。英語の時間は，お互いが大切にされているという気持ちを味わえるあたたかい時間であり，子どもたちが安心して楽しく学び合える集団づくりの時間だということを感じました。

○ episode 2：特別支援学級の男の子の話

　特別支援学級の中に，日本語を話すこともなかなかできない，言葉を通しての意思疎通が難しい男の子がいました。始めは英語の授業をどう行っていこうか悩んでいましたが，いざ行ってみると，その子は歌に合わせて体を動かしたり，数の歌を歌ったり，本当に楽しそうに取り組むことができました。日本語で言えない単語も，英語だったら言えるということもありました。自分の好きなものの絵カードを指さしながらその単語を言ったり，なかまと一緒にゲームをしたりすることもできました。もしかすると，その子は英語の音やリズムと相性がよかったのかもしれません。子どもたちの可能性は無限大で，始めからできること，できないことと分けて考えるのではなく，いろいろな活動をやってみて，その子にぴったり合うものやできるものを見つけていくということの大切さを学びました。そして，英語というコミュニケーションの道具を使いながら，考えや気持ちを共有し，心を通わせることのできる喜びを教えてくれました。

　こんな素敵な子どもたちとの出会いがあり，今の私があります。今まで出会った，そしてこれから出会うすべての人に感謝です。外国語の学習を通して，自分もなかまも大切にし，共に生きる喜びを感じながら，希望をもってしあわせな世界を生きてくれることを願っています。

2021年９月　　　　　　　　　　　　　　岐阜大学教育学部附属小中学校　葛西希美

目次

クラス全員参加の
外国語活動・外国語の授業づくりのポイント

どの子も楽しめる
授業デザイン・指導計画作成のポイント

聞くこと・話すことの英語ゲーム&アクティビティ55

❸ 季節・行事に合わせてできるゲーム＆アクティビティ

Chapter 4 読むこと・書くことの英語ゲーム&アクティビティ25

Chapter

1

クラス全員参加の
外国語活動・外国語の
授業づくりのポイント

1 子どもたちにとって 身近なものを活用する

1 生活の中で触れているものを活用する

　小学校の子どもたちは，自分たちの身近なものが大好きです。文房具，食べ物，乗り物，建物など，子どもたちの身近なものには，好きな食べ物，お気に入りの文房具といったように，愛着や好みがあります。生活の中で使っているものを活用すると，それだけで，ものへの興味関心を生かして，子どもたちは一生懸命聞こうとしたり，「自分のことを話したい」や「自分の知っていることを伝えたい」というコミュニケーションへの意欲をもって，活動に臨むことができたりします。

　また，生活の中で触れているものの中には，果物やお菓子など，日本語でも英語と似た表現をする単語も多くあります。日本語と英語が似ているものは，英語を覚えるのに負荷が少なく，使いやすいです。さらに，日本語と英語の違いに気づきやすいので，発音にも意識を向けて，聞いたり話したりすることができます。高学年の読み書きする場面でも，ローマ字と英語を比べて，英語の文字と音とのつながりの気づきを促したりすることもできます。

2 他教科の学習で触れているものを活用する

　小学校英語の強みの1つは，先生が他教科も教え，学校生活の多くの時間を子どもたちと共に過ごしていることです。特別に時間を割いて，他教科の学びを確認したり打ち合わせたりしなくても，普段の他教科の学習内容や子どもたちとの関わりのなかで気づいた，子どもの興味関心を生かした授業づくりが可能になります。例えば，数を扱う単元で，「リコーダーの穴の数はいくつでしょう」と尋ねたり，「校庭のタイヤ跳びの数はいくつでしょう」と尋ねたりします。子どもたちは，他教科の学習でリコーダーに触れたり，体育の時間にタイヤ跳びをしたりしています。触れているからこそ，「質問に答えたい」や「その答えならわかりそう」という思いをもって，意欲的に聞いたり話したりできるのです。また，低学年では，図工や生活科など，他教科の学びをそのまま英語の授業に生かした授業づくりをすることもできます。図工で作った作品を使って，英語で遊んだり，生活科で育てた野菜や植物を題材にしたり，学びのつながりを大切に，授業づくりをしていきます。

2 楽しみながら活動ができるように工夫する

1 いろいろな遊びを生かす

　活動を新しく生み出していくには，多くの時間も労力もかかってしまいます。そこで，子どもたちが普段から親しんでいるいろいろな遊びを活用していきます。子どもたちは，遊びが大好きです。その遊びをそのまま生かして，英語で行っていきます。例えば，神経衰弱やかるた，船長さんの命令などです。遊び自体が楽しいので，もちろん活動を楽しく行うことができます。さらに，子どもたちの多くはルールや遊び方を知っているので，詳しく英語で説明しなくても，すぐに活動に入ることができます。始めは，例を示しやって見せて，次に子どもたちと一緒に行い，慣れてきたら勝ち負けを決めて行います。遊びの中で，英語をたくさん聞いたり話したりする機会を増やしていきます。

　読み書きが始まる高学年でも，普段の遊びを生かしながら活動を行うことができます。アルファベットの学習で文字を書いてビンゴをしたり，単語しりとりでいろいろな単語を書いたり読んだりすることもできます。

2 アハ！体験を生かす

　"A-ha!" は「わかった」「なるほど」と思ったときによく使われる英語です。アハ！体験は「わかった」「なるほど」というひらめきや気づきの体験のことです。「わからない」が「わかった」に変わるとき，人は喜びを感じます。この体験を生かして活動を仕組んでいくことで，楽しみながら学ぶことにつながります。また，自分が味わったアハ！体験は人に伝えたくなるものです。いろいろな新しいひらめきや気づきに出会い，楽しみながら聞いたり話したりしていきます。本書では，だまし絵やクイズなど，様々なアハ！体験を取り入れた活動も紹介しています。英語を活用しながら，楽しく活動することを大切に行います。

　異文化理解をするときも，内容を聞いて，子どもたちに驚きや発見があるかどうかで題材を選んでいきます。例えば，職業のことを扱う単元では，世界の中で日本にはない職業を探し，その写真を見て，子どもたちがどんな職業なのかをまちの様子や道具などから予想し考える活動も，驚きや発見があり，楽しく活動に取り組めます。

3 単元が変わっても繰り返し触れる

1 1年間繰り返し触れる

　日本に住む子どもたちが，日常生活で英語に触れる機会はほとんどありません。学校で英語に触れる時間も週に1〜2回と限られています。そこで，その限られた時間を最大限活用していくために，学習した言語材料に1年間繰り返し触れられるようにしていきます。また，既習表現でなくても，これから学習する内容であれば，先生が意味のある文脈の中でどんどん使っていくことも大切です。受容語彙を増やしておくことで，子どもたちが発信する側になったとき，抵抗なく楽しく使うことにつながります。

2 表現に繰り返し触れる

　表現に繰り返し触れるために，子どもたちとやり取りをすることを大切にしながら授業を行います。低・中学年であれば，いろいろな題材で，物を紹介する度に，"Do you like / want / have 〜?"，"What 〜 do you like / want / have?" といった表現などを用いて，やり取りをします。高学年であれば，上記の表現に加えて，"Do you want to eat / watch / go?"，"What do you want to eat / watch / go?" といった表現や，6年生になれば過去形を用いた表現も繰り返し活用することができます。このような問いかけを増やしていくことは，子どもたちが集中して楽しく，先生の話を聞くことにつながります。また，こうして何度も触れることで，場面に応じた様々な使い方がわかるようになったり，子どもたちも自然に使うことができるようになったりします。

3 単語に繰り返し触れる

　意味のある文脈で語彙に何度も触れることが，語彙習得には欠かせません。わかる単語が増えるとそれだけ相手の言いたいことが理解できるので，英語でコミュニケーションを図ることが楽しくなります。何度も繰り返し語彙に触れられるように，他の単元でも既習の語彙を活用しながら活動を行います。本書で紹介する活動も，習得させたい表現を学習するなかで，既習表現を活用し，繰り返し触れることを大切にしています。

4 体験的な理解ができるようにする

1 五感を最大限に活用する

　五感を使って体験に理解すると，楽しく活動でき，記憶にも残りやすくなります。子どもたちは，座って，人の話を聞いていることよりも，体を動かし，いろいろな体験をすることが大好きです。自分で体験することは，楽しく，積極的に学ぶことにつながります。いろいろな歌やチャンツにのせて，英語を聞いたり話したりするのも，その1つです。さらに，リズムに合わせて踊ることもできます。遊んでいるようで，その間に，日本語とは異なる英語特有のリズムを掴んだり，英語表現が使えるようになったりします。高学年では，五感とつなげて学習を進めることもできます。学習内容がより複雑で詳しくなってくるので，自分の気持ちを説明するときにも，自分の体験が話のネタになります。例えば，食べ物について話すときであれば，甘い，しょっぱい，辛いなどといった味について自分の感想や好みの話ができます。また，本書で紹介するように，文字の学習でも，始めは身の回りのものの中の文字を見つけたり，粘土や砂などで文字を真似したり，いろいろな感覚を活用していくと，文字への抵抗が少なく，楽しく学習することができます。

2 目的や場面，状況等を明確にする

　学習した英語を，子どもたち自身で必要と感じ，欲し，活用することで，英語は生きて働く力となります。そのために，活動の目的や場面・状況等を明確にしておくことが大切です。「何のための活動なのか」「どのような場面なのか」「今，どのような状況なのか」ということが先生も子どもたちもはっきりわかっていると，本当の意味で楽しくコミュニケーションを図ることができます。もちろん，英語を習得していくためには，練習の時間も必要です。しかし，遊びやゲームで英語に触れ，練習で終わってしまうのは，もったいないです。その力を生きて働く力にするために，目的や場面，状況等に応じて，英語でコミュニケーションを図る力を発揮する活動も大切にしていきます。子どもたちが，「相手のことをもっと知りたい」や「自分のことをわかってもらえるように伝えたい」という思いをもち，自ら英語を活用していくような授業をつくっていきます。

5　自分の考えや気持ちを伝えられるようにする

1　自分のことを伝える活動をつくる

　子どもたちは多くの時間，学級のなかまと一緒に生活しています。しかし，お互いにわかっているようで，実は知らないことや伝えていないことが多いです。「自分のことをわかってもらえて嬉しい」「なかまの知らなかった一面がわかって嬉しい」という気持ちを知ることこそ，コミュニケーションを図る楽しさを味わうことだと思います。その楽しさを味わうためには，ゲームで楽しく活動するだけでなく，自分の本当の考えや気持ちを伝えることが大切です。そのために，自分のことを伝える活動を位置付けていきます。

2　学級の中で話す場をつくる

　インプットの多い活動の中でも，ただ先生が一方的に話したり説明したりするのではなく，子どもたちにポイント❸（p.14）で紹介したような様々な問いかけをします。全体に問いかけながらも，何人かの子どもに答えてもらいます。1人1人に活躍する場が生まれ，子どもたちは集中ながらも楽しく聞いたり話したりすることができます。このときの子どもたちの話は，低・中学年のうちは日本語で十分ですが，その日本語を英語にして返すことを繰り返すこと（例えば "What animal do you like?" という先生の問いかけに，「さるが好き」と子どもが答えたら，"Oh! You like monkeys." と返します）で，徐々に英語で話せるようになっていきます。子どもたち全員が，学級の中で自分のことを話す機会をもてるようにします。

3　やり取りの中で話す場をつくる

　子どもたち同士でやり取りをする場面でも，自分の本当のことを話す活動を位置付けていきます。自分の好きなこと，欲しいもの，持っているものなど，どんな話題でも自分のことについて話す場があると，伝えられる喜びを味わうことができます。また，聞いているときの反応も大切にします。"Me too.", "I see.", "Nice." といった反応は，話を聞いていないとできません。反応があると，話している人は安心して話すことができます。

視覚情報を加えて理解しやすくする

1 実物を用意する

　実物があると，それだけで子どもたちは興味津々で，先生の話を聞こうとします。子どもたちは「何かな」や「どうするのかな」と考えながら，その物についての情報を知ろうとします。これが実物，本物の力です。例えば，文房具を扱う授業の場合，実際に先生が使っている筆箱を見せながら入っている物やその数を予想したり，自分が使っている文房具を示して話したりすることができます。また，サッカーの試合のチケットを見せながら，週末にしたこと，好きなスポーツやサッカー選手のことなど，話題を広げていくこともできます。このように，単元で扱うもの自体を本物にして活動をしたり，実物を用いながら目的や場面，状況等を伝えたり，実物の活用方法は様々です。発達段階や子どもたちの実態に合わせて，実物を効果的に取り入れていくことが必要です。

2 写真やイラストを提示する

　英語を聞く場合，聴覚からの情報のみでは理解できないことが多くあります。そんなときに写真やイラストは重要な手がかりになります。英語でインプットするときに，写真やイラストを提示し，視覚で情報を補いながら理解を促します。子どもたちは，写真やイラストを頼りに，内容を推測しながら英語を聞きます。推測しながらでも内容がわかれば，「英語がわかった」と自信がもてます。また，写真やイラストの選び方や提示の仕方を工夫すると，クイズが作れたりその写真から背景を想像したりと，活動の幅を広げることもできます。

3 映像を活用する

　近年，タブレットやデジタル教材など，様々な映像に触れる機会が多くなっています。これらの映像を活用しない手はありません。ただ見るだけではなく，その映像の前後に，映像の場面設定や内容について，質問をしたり自分のことを伝えたりする場を位置付けていくことで，能動的に映像を見ることができます。

7 学習の流れを子どもたちと共有する

1 活動を短い時間ごとに区切る

　小学校の子どもたちにとって，45分間同じ活動をすることは大変ハードルが高いです。1人1人，得意とする活動や苦手とする活動も異なるので，同じ活動を繰り返すよりも，短い時間でいろいろな活動をするほうが，誰もが楽しく授業に取り組むのには向いています。1つの活動を5分から15分程度を目安に行います。一度で完璧に活動をやり切らせようとするのではなく，少しずつでよいので何度も繰り返し活動を行うことを大切にしていきます。メインとなる子どもたち同士のやり取りの活動も長時間やり続けるのではなく，区切って間に振り返りやアドバイスを入れると活動にメリハリがつきます。

2 同じ学習の流れで行う

　毎回同じ学習の流れで授業を行うことで，子どもたちは授業の流れを理解し，安心して授業に取り組むことができます。例えば，次のような活動順にします。まず，あいさつをして，次にその単元で学習する言語材料に関する歌を歌います。その後に，先生からのクイズや話など，インプットを行います。そして，メインとなる活動を行います。この部分のみ，毎時間，聞くことが中心になったり話すことが中心となったり変わります。最後に，読み聞かせや振り返りをし，あいさつをして終わります。このように，授業の流れを決めて行うことで，子どもたちもテンポよく学習の流れに乗って取り組むことができます。

3 単元の流れを単元シートで示す

　中・高学年になると，今日の自分の学びを振り返ったり，学びが何に生かされるかを考えたりできるようになります。そこで，単元の流れがわかる単元シートを準備し，毎時間の自分の学びを残したり，単元で行う活動を理解したりするのに用います。このことで，子どもたちは自分の成長を感じて達成感を味わえたり，自分の課題を解決しようと主体的に学習に取り組んだりすることができるようになります。

8 学年が変わっても何度も触れる

1 何度も重ねて繰り返す

　英語は「漆塗り」の教科とよく言われます。何度も同じところに塗り重ねていく漆塗りのように，何度も何度も繰り返し触れて使って，ようやく生きて働く本当の力となるのです。単元で身に付けさせたいことを一度でやり切らせようとせず，また，できているように見えても一度で身に付いたと思わず，時をおいて繰り返し触れることで，だんだんと子どもたちの本当の力となっていきます。そのためには，学年が変わっても，前の学年の学習内容を用いた言語活動を行ったり，既習表現を活用しながら今の学習を行ったりすることが必要になります。子どもたちも，一度聞いたり話したりしたことがある表現には，安心感があり，抵抗なく受け入れたり取り組んだりすることができます。また，繰り返し触れることで，子どもたちは，自信をもって楽しく取り組むことができるようになります。

2 やり取りの中で活用する

　小学校英語の学習内容は，すべて日常の生活の中で使える表現ばかりです。そのよさを生かして，既習表現を活用しながら子どもたちとやり取りをしていきます。好きなこと，欲しいもの，持っているものなどについては，分野を変えたり相手を変えたりしながら，何度行っても新しい気づきが生まれます。同じ表現を用いて活動していても，学年が上がるにつれてその話の中に事実や理由が付け足され，話が膨らんでいきます。例えば，食べ物について話をするときであれば，"Do you like 〜?"，"What food do you like?"，"I like 〜. How about you?"，"My favorite food is 〜."，"What do you usually eat for breakfast?"，"What did you eat last night?" というように，何通りもの話し方ができます。何度も触れて，コミュニケーションを図っていくことで，相手が話した表現を取り入れたり，自分の発話を工夫したりする機会が生まれます。コミュニケーションは目的や場面，状況等が異なれば，同じ話題であっても，全く同じ会話内容にはなりません。子どもたちが「何度同じ表現に触れても楽しい」，そして「自分のことが思った通りに相手に伝えられるようになってきて嬉しい」と感じられるために，やり取りのなかで既習表現に触れる機会を大切にしていきます。

9 「できる」よりも「知らない間にできていた」を目指す

1 先生が楽しむ

　子どもたち全員が楽しく英語の授業に取り組むために，まず先生が全力で楽しむことが大切です。正しい英語を教えようとして緊張したり，英語に対して苦手意識をもっていたりしていると，その先生の気持ちを子どもたちは敏感に感じ取って，なかなか楽しむことはできません。英語を「教える」というイメージより，英語を「一緒に学ぶ」イメージでいろいろな活動を子どもたちと一緒に楽しんでください。英語が達者な先生よりも，そうでない先生のほうが簡単な単語で伝えたり，ジェスチャーを使いながら話したり，子どもたちにわかりやすく伝えられることができることもあります。時には，間違えたってかまいません。間違えながらも，何とか伝えようとする姿を先生が見せることで，子どもたちは安心して間違えることができます。先生が，英語を使って活動する楽しさやコミュニケーションを図る喜びを味わいながら授業すると，子どもたちも自然と楽しさや喜びを感じて，授業に取り組むことができます。

2 表現よりも内容に意識を向ける

　子どもたちが英語に触れるとき，まず意識が向くのは，内容です。使っている単語や表現よりも，「内容について知りたい」「その話について自分が知っている内容を伝えたい」という思いをもちます。子どもたちが楽しい，おもしろいと思える内容を用意すると，自然と子どもたちは内容を掴もうとします。そうして内容を聞いていると，無意識のうちにその表現の意味を理解しているのです。話すことについても，同じです。話したい内容があれば，子どもたちは何とかして伝えようとします。先生の問いかけに繰り返し答えているうちに，だんだんと答え方がわかって表現が使えるようになっています。魅力的な内容があれば，子どもたちは自発的に聞こう，話そうとします。表現を教えるのではなく，その表現が使われる活動を用意しておくことが大切です。このように，子どもたちが「できるようにしよう」と意図して表現に目を向けて活動するより，英語で内容を楽しんでいたら「知らない間にできるようになっていた」と思えるような活動を仕組んでいくことで，より理解が深まり，目的や場面，状況等に応じて使える英語になっていきます。

10 たくさん褒めて，たくさん認める

1 小さなことから褒める

　誰でも褒められると嬉しい気持ちになりますが，特に小学校の子どもたちは，先生に褒められることが，そのまま自己肯定感や満足感につながります。さらに，自己肯定感や満足感がもてると，学習意欲も高まってきます。目標が達成できたかどうかだけで子どもたちを評価するのではなく，小さなことから子どもたちができるようになったことを "Great!"，"Nice!" と褒めてください。また，後からまとめて褒めるよりも，1つ1つ即時に評価するほうが子どもたちに伝わりやすいです。英語の学習は，他教科の学習と比べて，短時間で，そして，一度で身に付けることは難しいです。思うように学習が進まず，学習に自信のもてない子どもたちも，学級の中にはいます。子どもたちが自分では成長を感じ取れないことを見逃さず，少しでもできたことを評価していくことで，子どもたちが自分の成長や学びを把握し，安心して学習に取り組む環境づくりにつながります。

2 達成感をもたせる

　学習に自信をもって取り組むことができるように，子どもたち自身が「できるようになった」という意識を自覚する機会を増やしていきます。少しでもできるようになったことを1人1人と関わりながら伝えていったり，絶えず励ましながら指導したりしていきます。また，子どもたちは，先生からの評価だけでなく，なかまから認められて自信をもつことも多々あります。そこで，なかまから認められる場を位置付けます。例えば，コミュニケーション活動を行うときには，活動の真ん中で中間振り返りをします。この場で，素敵な姿があった子どもたちを紹介し，よさを学級の子どもたち同士でも "Good job!" と声をかけ，認め合えるようにします。学級の前で褒められる経験をすることで，達成感を味わうことができ，前向きに学習に取り組むことができます。また，授業の終わりには，中間振り返りで紹介できなかった子どもたちの成長を見つけて紹介したり，振り返りの中で，自分のできるようになったことを考えさせたりし，どの子どもたちも達成感や満足感をもって授業を終えることができるようにします。1時間の授業の中で，子どもたちが喜びを感じ，毎時間楽しく学習に取り組めるようにしていきます。

Chapter

2

どの子も楽しめる
授業デザイン・指導計画作成
のポイント

1 特別支援教育の視点を取り入れた 年間指導計画のつくり方

1 年間指導計画のつくり方

　年間指導計画は，学校で設定する外国語活動・外国語の目標や各学年の具体的な目標を基にしてつくっていきます。子どもたちの実態や地域・学校の実情を踏まえて目標を設定し，それに基づいて題材や指導内容を考えていきます。また，作成した年間指導計画は，先生同士で共有するだけでなく，発達段階に応じて，子どもたちや保護者の方と共有し，先生も子どもたちも保護者の方も外国語活動・外国語の授業が楽しみになるようにしていくことが大切です。

外国語学習全体を見通す

　外国語学習は，１日で成るものでも１年で成るものでもなく，生涯にわたって続いていく学習です。外国語を即座に確実に身に付けさせようとするのではなく，長期的に捉え，外国語学習と一生付き合っていく魅力と学び方を学んでほしいです。そのために，指導計画を作成する際は，小・中・高等学校における目標や指導との接続に留意しながら計画を立てていきます。語彙や表現，練習や活動，題材や場面設定等の配列を工夫したり，系統的な指導が行えるよう，指導方法に配慮したりする必要があります。その上で，特に小学校６年間で，どのように外国語学習を進めていくのか，子どもたちの発達段階に応じて具体的に描いていきます。例えば，わかりやすい発話量でいうと，低学年は１単語または１単語＋１単語程度の発話，中学年は１文の発話または１往復程度の会話，高学年が数文の発話また数往復程度の会話というように，具体的なイメージを立て，その姿が具現化するように指導計画を作成します。

２学年間を通じて目標の実現を図る

　文部科学省の小学校学習指導要領には，「学年ごとの目標を適切に定め，２学年間を通じて外国語活動・外国語科の目標の実現を図るようにすること」と示されています。つまり，中・高学年，それぞれ２学年間の目標の実現に向けて，各学年の目標を定め，年間指導計画を作成していく必要があります。子どもたちの実態や学校・地域の実状に応じて，各学校で学年ごとの目標を定めていきます。低学年で外国語学習を行う場合も，２学年の目標を描き，各学年の目標を定めていくとよいです。

配当時数を元に目標や学習内容を考える

外国語活動・外国語科の年間配当時数を元に，どの学年，どの時期にどんな目標を立てて，どんな学習をしていくかを考えます。本書では，低学年で年間18時間，中学年で年間35時間，高学年で年間70時間として計画しています。低学年は2週間に1単位時間，中学年は1週間に1単位時間，高学年は1週間に2単位時間行うことになります。前項で考えた各学年の目標を達成するために，さらに細分化した目標を考え，どの内容をどの時期に扱っていくかを決めます。おおよそ1か月をまとまりとして，低学年は2〜3単位時間で1単元を，中学年は約4単位時間で1単元を，高学年は約8単位時間で1単元を行います。子どもたちも単元のまとまりを意識し，見通しをもって意欲的に学習に臨めるようにします。

系統的に位置付ける

言語習得は，1単位時間で即座に行われるものではなく，何度もいろいろな場面で使いながら行われていくものです。特に，特別支援が必要な子どもたちにとっては，何度も言語材料に慣れ親しみながら徐々にできることを増やしていくことで，外国語学習への抵抗感を感じずに楽しみながら言語習得を進めていくことができます。スモールステップを意識して，その授業内で身に付けさせようとせず，長い目で学びや成長を見届けていきます。そのために，1つの学年の中で，何度も繰り返し言語材料に触れることができるようにしつつ，学年を超えて繰り返し活用していきます。どの時期にどの学年で学習したことを，活用しているのか，年間指導計画に位置付けておくことで，学習内容を関連させながら継続的に指導することができます。しかし，ただ繰り返すのではなく，同じような題材を扱う場面では，以前の学習を繰り返しつつ，＋αの変化をもたせる工夫を行い，同じことの繰り返しではなく，学びが深まったり広がったりするようにします。

段階的に位置付ける

言語材料の指導については，平易なものから難しいものへと段階的に指導していきます。基礎の段階では単純な文構造を取り上げ，学習が進むにつれて複雑な文構造を取り上げるようにしていきます。また，言語は受容することから始まり，徐々に産出することへとつながっていきます。たくさん聞く機会を用意し意味を捉えることができる段階から，少しずつ話すことができる段階へと進めていきます。受容語彙と発信語彙があることにも留意し，受容と同時に発話させるなど子どもたちに学習負担を強いることがないように，ゆとりをもって計画します。また，高学年から始まる読むこと・書くことの指導についても，子どもたちの実態を踏まえて，十分聞くこと・話すことで親しんできた表現を読んだり書いたりするようにします。聞くこと・話すこと・読むこと・書くことを同時に同程度行おうとせず，それぞれに合わせた時期や

内容を考え，計画します。これらの段階を意識しながら年間指導計画を考えていくことが大切です。

2　年間指導計画作成のポイント

　子どもたちの発達段階を考慮し，子どもたちが興味をもっていることから題材を選んだり子どもたちの学習経験年数や特別支援が必要な子どもたちのニーズに応えた活動を考えたりしていくことが大切です。特別支援が必要な子どもたちのことを考えた指導は，その子どもたちののみでなく，学級全員にとって楽しく安心して行える学習となります。

子どもたちの生活と関連させた題材

　子どもたちの発達段階を考慮し，子どもたちの生活と関連させて単元を構成したり題材を工夫したりしていきます。子どもたちが興味をもち，英語で表現したいと思っていることを把握しながら指導計画を作成することで，子どもたちが主役となり生き生きとした学びへとつながります。ここではその例をいくつか紹介します。

①日常生活との関連

　例えば，あいさつ，色，数，体の部分や食べ物など子どもたちの日常生活で常に触れている題材です。子どもたちの身近にあるものは，英語で行っても場面や状況から意味を把握しやすく自然と受け入れることができます。また，子どもたちが「知りたい」「使いたい」と思っていることなので，意欲的に学び，習得が進みます。

②季節や行事との関連

　例えば，七夕や夏休み，お正月など季節や行事と関連付けて題材を考えていくこともできます。子どもたちは季節や行事自体を楽しみにしています。それらを授業の中で扱うだけで，子どもたちは興味をもって楽しく取り組むことができます。日常生活の中にある季節や行事の活動を英語で行っていきます。また，クリスマスやハロウィン，イースターなど外国発祥の文化的行事についても取り扱い，活動を楽しみながら異文化理解も深めていけるようにします。

③他教科の学習との関連

　他教科で行ったことがある題材は，子どもたちの経験となっており理解を促しやすいです。低・中学年であれば，算数科の図形を扱った学習や図工科の色作りの学習など他教科で行った活動をそのまま行うことができます。高学年であれば，他教科の学びと関連させて，英語学習を深めたり広げたりします。例えば，国語科の聞き手にわかりやすく伝えるために，伝える内容の順番を決めたり選んだりして整理して話すという学習は，英語で話す際にも，相手のことを考えながらより伝わる話し方の工夫に生かすことができます。

目的や場面，状況の設定

　子どもたちの関心を高め，主体的にコミュニケーションを図るためには，コミュニケーションを行う目的や場面，状況等を設定し，子どもたちがそれらを意識して活動を行うことが大切です。目的や場面，状況等の設定するときには，以下の4つの点を考慮します。

> ①子どもたちにとって身近な目的や場面，状況等
> ②子どもたちの興味・関心が高い目的や場面，状況等
> ③コミュニケーションを図る必然性がある目的や場面，状況等
> ④コミュニケーションに広がりや深まりが生まれる目的や場面，状況等

活動内容

　子どもたちの発達段階を考慮し，子どもたちの学習経験年数や特別支援が必要な子どもたちのニーズに応えた活動を設定します。以下に示すような活動の種類を踏まえた上で，子どもたちの実態に応じて活動内容を構成していきます。

①英語の音やリズムに触れる活動

　子どもたちは英語の歌やチャンツが好きです。授業の始めに単元ごとに同じ歌を歌い，英語の音やリズムに触れたり，授業の終わりに振り返りをしながら毎時間同じ英語の曲を聞き，授業の終わりの合図としたりすることもできます。

②英語の単語や表現に慣れ親しむ活動

　ゲームやクイズなど，競い合う要素のある活動には，子どもたちも参加しやすく意欲的に取り組みます。子どもたちがすぐに参加できるような単純なルールの活動や繰り返しできる活動がおすすめです。

③実際の英語に触れる活動

　自然な流れで会話をしている先生の英語を子どもたちに聞かせます。ALTと授業ができるときには，2人で会話をし，子どもたちにその様子を見せます。時々子どもたちに話を振り，「自分のことを話したい」という気持ちをもたせられるようにします。

④実際に英語を使う活動

　自分のことを英語で表現したり，相手のことを知ろうと尋ねたりする活動です。英語で自分のことを表現していきます。なかまと共に，目的や場面，状況等に応じて，自分の考えや気持ちを自在に表現できる活動を行います。

2 低学年の授業デザインと年間指導計画例

1 低学年の授業デザイン

　低学年の子どもたちは，自分が見たもの・触れたもの・知っているものなど自分の世界の中にあるものに興味を示します。言語能力や認識力も幼児期より高まり，いろいろなことへの関心が高まる時期です。その特性を生かして，外国語活動でも，実際に見たり触れたりし体験的に理解しながら学習を進めていきます。しかし，興味関心が高くても長い時間集中して取り組むことは難しいので，様々な活動を短時間で行い，多方面から英語に慣れ親しむ活動を取り入れた授業を考えます。また，英語の音やリズムにも敏感な時期でもあるので，質の高いインプットをたくさん行っていくとよいです。英語に触れながら，英語学習が楽しいものだと思えるように，過度な負担を強いることなく楽しみながら授業を行います。

学習の流れをデザインする

　以下に示すような低学年の外国語活動の大まかな流れをつくり，子どもたちにわかる形で示します。低学年は細かい活動をいくつか行い，テンポよく学習を進めます。毎回の授業をある程度同じ流れで行うことで，子どもたちは授業の見通しをもち，安心して活動に取り組むことができます。

①Greeting	先生と子どもたちとで英語であいさつをします。
②Song time	毎時間同じ曲を，身振り手振りをつけながら歌います。この曲に加えて単元に関する曲を単元ごとに行うこともできます。
③Teacher's time	単元に関する言語材料のインプットを行います。シルエットクイズや３ヒントクイズなど子どもたちが楽しんで聞ける活動を行います。
④Challenge time	言語材料を使ったアクティビティを行います。いろいろな単語を用いたゲームややり取りを行います。
⑤Story time	単元で扱う言語材料が入った絵本を読みます。
⑥Kirakira time	活動の中で見つけたよい姿を子どもたちに伝えて価値付けます。子どもたちにも頑張ったことや楽しかったことなどを聞き，共有します。
⑦Saying Good-bye	先生と子どもたちとで英語であいさつをします。

歌やチャンツを取り入れる

　歌やチャンツは，英語の音やリズムを体感できるとてもよい素材です。特に，低学年の子どもたちは，英語の音やリズムを受け入れやすく，音を聞いて自然と楽しんで歌ったり踊ったりすることができます。この時期の子どもたちには，歌やリズムに触れる機会をしっかり確保し，繰り返し触れられるようにします。歌詞や歌い方を教えなくても，歌を聞いたり，先生が歌っているのを見たりしているうちに，自然と口ずさみ始めます。耳から入ってくる英語を歌うことで，英語らしい発音で歌うことができます。先生が歌やチャンツに合わせて，身振り手振りをつけて体を動かしながら歌うと，子どもたちも真似して踊りながら歌います。体全体でリズムを感じながら歌うことができます。また，ジェスチャーから歌詞のおおよその意味を推測し，1つ1つ説明しなくても掴むことができます。体を動かして歌う中で，英語の音やリズム，英語で表現することを楽しみます。

たくさんの単語に触れる機会をつくる

　低学年の子どもたちの好奇心を生かしながら，子どもたちの身近にあるものの英語表現をどんどんインプットさせていきます。この時期の子どもたちは「自分の興味があるものや好きなもの，知っているものの言い方を知りたい」「周りの人に伝えたい」という思いを強くもっています。その思いを大切にし，野菜や果物，食べ物，乗り物，動物など子どもたちの身近にあるものを題材にしながら授業をつくります。本書で紹介する，様々なゲームやアクティビティを通して，いろいろな単語に何度も触れられるようにします。中・高学年で，自分のことを表現するときに必要となる単語が手に入るように，幅広く取り入れていきます。単語の定着をねらうのではなく，「使いたい」と思ったときに，「そういえば，聞いたことがある」と思える程度でよいです。子どものころ，図鑑などで多くの日本語に出会ったように，英語との出会いの場を提供します。

絵本を取り入れる

　絵本は，既に絵本の中に目的や場面，状況等が設定されており，生きた英語に触れるのにもってこいの素材です。また，英語表現が少々難しくても，絵から内容を推測することができます。子どもたちは絵本が大好きで，絵本の内容を何とか知ろうとします。その中で自然と登場人物の考えや気持ち，英語そのものをわかろうとする力も育むことができます。このように絵本の読み聞かせはとても効果的な活動ですが，全員が楽しく取り組めるように，先生は適宜子どもたちに質問し，内容を予想したり感想を伝えたりと子どもたちに出番を用意し，子どもたちを絵本の世界に引き込みながら読むことが大切です。

2 1学年の年間指導計画例

単元名	主な活動	主な言語材料	他学年とのつながり
Unit1 はじめ まして （2時間）	・簡単なあいさつをする。 ・名前を伝える。	Hello. I'm 〜. Thank you. See you. Goodbye.	2〜6学年 U1
Unit2 きもちを おしえて （2時間）	・様子や状態の言い方を知る。 ・ジェスチャーを交えて，様子や状態を尋ねたり答えたりする。	How are you? I'm happy / fine / hungry sleepy / tired / sad.	2学年 U1 3学年 U2
Unit3 からだの ぶぶん （2時間）	・体の部分の言い方を知る。 ・聞こえた体の部分を触ったり動かしたりする。	Touch your mouth / eye / nose / ear / shoulder / toe / knee / head / hair.	（活動中の指示）
Unit4 かずで あそぼう （3時間）	・1〜10までの言い方を知る。 ・数を順に言う。 ・身の回りのものの数を数える。	How many? one / two / three / four / five / six / seven / eight / nine / ten	2学年 U2，4〜7 3学年 U3〜5，7 4学年 U4〜7 5学年 U4，7 6学年 U2
Unit5 いろで あそぼう （3時間）	・色の言い方を知る。 ・聞こえた色のものを見つける。 ・好きな色を尋ねたり答えたりする。	What color is this? Do you like 〜? What color do you like? I like red / blue / yellow / green / orange / purple / pink / black / white.	2学年 U3 3学年 U4，5，7〜9 4学年 U1〜5 5学年 U1，2，8 6学年 U1
Unit6 くだもの だいすき （3時間）	・果物の言い方を知る。 ・果物クイズに答える。 ・好きなフルーツを尋ねたり答えたりする。	What fruit is this? Do you like 〜? What fruit do you like? I like / apples / oranges / grapes / melons / lemons / peaches / mangoes.	2学年 U3 3学年 U4，5，8 4学年 U1〜3，7 5学年 U1，2，7 6学年 U1，3〜8
Unit7 どうぶつ だいすき （3時間）	・動物の言い方を知る。 ・動物クイズに答える。 ・好きな動物を尋ねたり答えたりする。	What animal is this? Do you like 〜? What animal do you like? I like dogs / cats / gorillas / lions / pandas / koalas / pigs / horses / rabbits.	2学年 U2，3 3学年 U4，5，8，9 4学年 U1〜7 5学年 U1〜3，8 6学年 U1〜9

単元名	活動内容	主な言語材料	他学年とのつながり
Unit1 いろんな あいさつ （2時間）	・時間に合わせたあいさつをする。 ・名前や様子・状態を尋ねたり答えたりして伝え合う。	Good morning / afternoon/ evening / night. How are you? I'm ～. I'm ～, and you? Nice to meet you.	1学年 U1，2 3学年 U1，2 4～6学年 U1
Unit2 いま なんじ （2時間）	・1～12までの言い方を知る。 ・時間を尋ねたり答えたりする。	What time is it? It's one / two / three / four / five / six / seven / eight / nine / ten / eleven / twelve o'clock.	1学年 U4 3学年 U3 4学年 U4，9 5学年 U4 6学年 U2
Unit3 のりもの だいすき （3時間）	・乗り物の言い方を知る。 ・乗り物クイズに答える。 ・好きな乗り物を尋ねたり答えたりする。	What vehicle is this? Do you like ～? What vehicle do you like? I like cars / buses / taxis / bikes / trains / planes / boats / ships / rockets.	1学年 U4～7 3学年 U4，5，7，8 4学年 U1～3，8 5学年 U1，2，8 6学年 U1，4，7～9
Unit4 やさい だいすき （3時間）	・野菜の言い方を知る。 ・野菜クイズに答える。 ・欲しい野菜を尋ねたり答えたりする。	What vegetable is this? Do you want ～? What vegetable do you want? I want potatoes / tomatoes / cabbages / carrots / onions / pumpkins / cucumbers.	1学年 U4 3学年 U3～5，7，8 4学年 U7 5学年 U1～3，7 6学年 U1，3～6，8，9
Unit5 たべもの だいすき （3時間）	・食べ物の言い方を知る。 ・食べ物クイズに答える。 ・欲しい食べ物を尋ねたり答えたりする。	What food is this? Do you want ～? What food do you want? I want sandwiches / spaghetti / steak / pizza / curry and rice.	1学年 U4 3学年 U3～5，7，8 4学年 U7 5学年 U1～3，7 6学年 U1，3～9
Unit6 かたちで あそぼう （3時間）	・形の言い方を知る。 ・シルエットクイズに答える。 ・欲しい形を尋ねたり答えたりする。	What shape is this? Do you want ～? What shape do you want? I want circles / triangles / squares / hearts / stars / rectangles.	1学年 U4 3学年 U3～5，7，8 4学年 U7 5学年 U2，3，7 6学年 U1，3，8，9
Unit7 じゅんび かんぺき （2時間）	・文房具の言い方を知る。 ・文房具クイズに答える。 ・持ちものを尋ねたり答えたりする。	What stationery is this? Do you have ～? What stationery do you have? I have pencils / erasers / glues / rulers.	1学年 U4 3学年 U3～5，7 4学年 U5，7 5学年 U3，6，8 6学年 U2

2

どの子も楽しめる授業デザイン・指導計画作成のポイント

3 中学年の授業デザインと年間指導計画例

1 中学年の授業デザイン

　中学年の子どもたちは，自分でできることが多くなり，「もっと知りたい」「自分でやってみたい」という気持ちが強くなります。自分で自分の行動をコントロールし，主体的に行動していくようになります。また，なかまにも意識が向き，自分中心の生活から，なかまを中心とした生活に変わりつつある時期です。誰かと一緒に楽しいことに取り組んだり遊んだりすることを好みます。言語能力や認識力も幼児期より高まり，いろいろなことへの関心が高まる時期です。その特性を生かして，外国語活動でも，子どもたちのエネルギーを発揮できる授業づくりを行います。子どもたちが知っていること＋αの情報をインプットして知的好奇心をくすぐったり，子どもたちが自分のことを表現する場を位置付けて活躍のチャンスを与えたりします。また，なかまとやり取りする活動を低学年の時期よりも多く取り入れて，なかま同士で学び合いが活性化する働きかけを行います。

学習の流れをデザインする

　以下に示すような中学年の外国語活動の大まかな流れをつくり，子どもたちにわかる形で示します。低学年と大きく流れは変わりませんが，Challenge time の活動の時間をしっかりと確保できるようにします。

①Greeting	先生と子どもたちとで英語であいさつをします。
②Song time	毎時間同じ歌や単元に関する曲を，歌ったり踊ったりします。
③Teacher's time	単元に関する言語材料のインプットを行います。異文化理解の要素のある題材も取り入れ，気づきを促します。
④Challenge time	言語材料を使ったアクティビティを行います。いろいろな単語を用いたゲームや子どもたち同士のやり取りを行います。
⑤Story time	単元で扱う言語材料が入った絵本を読みます。
⑥Kirakira time	振り返りシートを使いながら，子どもたち自身で目標に沿った振り返りと自由記述の振り返りをします。先生の価値付けも行います。
⑦Saying Good-bye	先生と子どもたちとで英語であいさつをします。

やり取りを大切にしたインプットを行う

「話したい」という気持ちがあっても，中学年の子どもたちには自分の伝えたいことを表現するだけの素材がまだありません。その素材を手に入れるためには，質の高い豊富なインプットが必要になります。しかし，一方的に聞いてばかりで子どもたちが「聞かされている」と感じてしまえば，子どもたちはつまらなくなり，聞かなくなってしまいます。そこで，子どもたちが「そういえばこんなに長い時間英語を聞いていた」「あっという間だった」と感じられるインプットの時間を Teacher's time で提供していきます。そのためには，子どもたちが「聞きたい」と思う内容づくりと双方向のやり取りが大切です。クイズや異文化に触れる内容を扱い，子どもの知的好奇心をくすぐる内容づくりをします。また，"Do you like / want / have it?"，"What's this?"，"What 〜 do you like / want / have?" といった質問をし，子どもたち全員を巻き込みながらインプットを行います。基本的に，子どもたち全員に問いかけ，答えたい子どもたちが自由に答えるというスタイルで反応を大切に行っていきますが，なかなか自分のことを話せない子どもたちには，何人か話した後に指名し，話す場をつくり，全員が参加できる聞くことを重視した活動をつくります。子どもたちが日本語で答えたときには英語で繰り返したり，単語で答えたときには文章で繰り返したりと，リキャストを行いながらインプットをしていきます。何度か繰り返していると徐々に英語や文で話せる子どもたちが増えていきます。

わかりやすい目的や場面，状況等を設定する

中学年の子どもたちは，「自分のことを話したい」「早く自分で話してみたい」という気持ちをもっています。その気持ちを大切に，子ども同士でやり取りをする活動をしっかりと確保し行います。そのためには，子どもたち全員がすぐに理解し，やり取りする内容がわかりやすい目的や場面，状況等の設定が必要です。子どもたちの生活の中で起こりそうな，身近な目的や場面，状況等を設定し，子どもたちとのやり取りの中で示します。子どもたちは，場面理解に優れています。先生がその目的や場面，状況等に入り込み，そのなかで話をすると，子どもたちも自然とその世界に入り，考えることができます。あまり複雑な設定を行わず，誰もがすぐに理解できる活動を設定することで，誰もが楽しみながら活動できます。

絵本に繰り返し触れる

絵本の読み聞かせを中学年でも取り入れていきます。いろいろな絵本を読んで，絵本の世界で生きた英語に出会い，授業で行った活動場面から，英語を活用する場面を広げていきます。また，同じ絵本や低学年のときに読んだ絵本に繰り返し触れることで，内容を掴む段階から少しずつ表現に意識を向けられるようにすることもできます。

2 3学年の年間指導計画例

単元名	活動内容	主な言語材料	他学年とのつながり
Unit1 あいさつで 友だち （2時間）	・世界のいろいろな言語であいさつをする。 ・自分の名前を伝えてあいさつをする。	世界のあいさつ I'm 〜, and you? How are you? I'm 〜. Good. Nice. I don't know.	1学年 U1, 2 2・4〜6学年 U1
Unit2 ごきげん いかが （2時間）	・あいさつに続けて，ジェスチャーを交えて様子や状態を尋ねたり答えたりして伝え合う。	How are you? I'm pretty good / well / OK / excellent / not so good.	1学年 U2 2学年 U1
Unit3 数えて あそぼう （4時間）	・身の回りのものの数や漢字の画数を尋ねたり答えたりして伝え合う。	How many 〜? One 〜 twenty. What's this? It's 〜.	1学年 U4 2学年 U2, 4〜7 4学年 U4〜7 5学年 U4, 7 6学年 U3
Unit4 私のすきな もの （4時間）	・自分の好きなものを見せながら自分の好きなものについて尋ねたり答えたりして伝え合う。	I like 〜. I don't like 〜. Do you like 〜? Yes, I do. / No, I don't.	1学年 U4〜7 2学年 U3〜7 4学年 U1〜3, 8 5学年 U1, 2, 8 6学年 U1〜4, 6〜9
Unit5 なにが すき （4時間）	・どのようなものが好きかくわしく尋ねたり答えたりして伝え合う。	What do you like? What 〜 do you like? I like (soccer). I like (kicking) very much.	1学年 U4〜7 2学年 U3〜7 4学年 U1〜3, 8 5学年 U1, 2, 8 6学年 U1〜4, 6〜9
Unit6 アルファベ ット （4時間）	・身の回りのアルファベットを見つける。 ・アルファベットの名前を伝え合う。	What letter is this? It's （A）. 〜, please. Here you are.	4学年 U6 5・6学年全単元
Unit7 カードを おくろう （5時間）	・欲しい形や色を尋ねたり答えたりする。 ・なかまのために作ったカードを紹介する。	What do you want? I want （three）（pink） （stars）, please. This is for you.	1学年 U4, 5 2学年 U4〜6 4学年 U7 5学年 U2, 3, 7 6学年 U1, 3, 8, 9
Unit8 これは なに （5時間）	・身の回りのものについてのクイズを作って，相手に伝わるように尋ねたり答えたりして伝え合う。	What's this? A hint, please. It's （a fruit）. It's （red）. That's right.	1学年 U5〜7 2学年 U3〜7 4学年 U5 5学年 U6, 8 6学年 U2, 3
Unit9 あなたは だれ （5時間）	・いろいろな動物になりきって自分のことを話したり相手のことを尋ねたりして伝え合う。	Are you a （panda）? Yes, I am. / No, I'm not. Who are you? I'm a （dog）.	1学年 U5, 7 5学年 U5, 9 6学年 U5

3 ４学年の年間指導計画例

単元名	活動内容	主な言語材料	他学年とのつながり
Unit1 あいさつで 友だち （2時間）	・様々なあいさつをする。 ・自分の名前や好きなものを伝えて あいさつをする。	世界のあいさつ I'm 〜, and you? I like 〜. Do you like 〜? Nice to meet you.	1学年 U1，5〜7 2学年 U1，3 3学年 U1，4，5 5学年 U1，2 6学年 U1
Unit2 すきな遊び はなに （4時間）	・天気を尋ねたり答えたりして伝え 合う。 ・ジェスチャーを交えて好きな遊び に誘う。	How is the weather? It's sunny / rainy / cloudy / stormy / windy. I like 〜. Let's 〜.	1学年 U5〜7 2学年 U3 3学年 U4，5 5学年 U1，2 6学年 U1
Unit3 すきな曜日 はなに （4時間）	・曜日を尋ねたり答えたりして伝え 合う。 ・自分の好きな曜日を伝え合う。	What day is it? It's Monday / Tuesday / Wednesday / Thursday / Friday / Saturday / Sunday. I like 〜 because 〜.	1学年 U5〜7 2学年 U3 3学年 U4，5 5学年 U1，2，3，8 6学年 U1
Unit4 今何時 （4時間）	・時間を尋ねたり答えたりして伝え 合う。 ・自分の1日の生活や生活時間を伝 え合う。	What time is it? It's (ten past one). What time is your bedtime? It's (fifteen to nine).	1学年 U4 2学年 U2 3学年 U3 5学年 U4 6学年 U2
Unit5 おすすめ 文ぼう具 （4時間）	・持っている物を尋ねたり答えたり して伝え合う。 ・おすすめの文房具セットを紹介す る。	Do you have 〜? Yes, I do. / No, I don't. What do you have? I have (three)(red)(pencils).	1学年 U4，5 2学年 U7 3学年 U3，8 5学年 U2，3，8 6学年 U1，2
Unit6 アルファベ ット （4時間）	・大文字に合う小文字を見つける。 ・アルファベットをヒントに好きな 単語を当てる。	What letter is this? I have (p). How many letters? Do you have 〜?	1学年 U4 3学年 U3，6 5・6学年全単元
Unit7 ほしいもの はなに （5時間）	・欲しい食材を尋ねたり答えたりす る。 ・おすすめのメニューを紹介する。	What do you want? I want (two) (potatoes), please. I have 〜.	1学年 U4，6 2学年 U4〜7 3学年 U3，7 5学年 U2，3，7，8 6学年 U1〜3，7〜9
Unit8 お気に入り の場所 （4時間）	・お気に入りの場所を自分の考えや 気持ちを加えて紹介する。 ・その場所まで案内する。	What is your favorite place? My favorite place is 〜. Why? Go straight. Turn right / left.	2学年 U3 3学年 U4，5 5学年 U1，2，6 6学年 U1〜4，7，9
Unit9 わたしの 1日 （4時間）	・絵本を聞いて，話の内容を掴む。 ・自分の1日の生活について伝え合 う。	I wake up / wash my face / have breakfast / study / go home / do my homework / take a bath at 〜.	2学年 U2 5学年 U4 6学年 U2〜7，9

2

どの子も楽しめる授業デザイン・指導計画作成のポイント

4 高学年の授業デザインと年間指導計画例

1 高学年の授業デザイン

　高学年になると，子どもたちは物事を対象化して認識することができるようになり，自分のことも客観的に捉えられるようになります。自己を客観的に捉え，自己肯定感をもてる時期でもある一方，なかまと比べて劣等感を感じやすい時期でもあります。学級としては，子どもたちで学級運営が上手にできるようになり，なかまと話し合いながら自分たちの手で自律的な生活をつくっていこうとします。その一方，集団の中で，自分がどのように見られているかということを気にするようにもなります。外国語の授業では，目標や目指す姿を明確にし，子どもたちと共有することで，子どもたちが学びの方向をもちながら主体的に授業に取り組めるようにします。また，できるようになったことやその理由，次にがんばりたいことを明らかにしながら，ただ楽しいだけでなく，「できるようになって嬉しい，楽しい」と感じられる授業づくりをします。目標に向かってチャレンジする気持ちを価値付けながら，子ども同士の学び合いを大切にし，全員が安心して学びに向かえる環境づくりも行っていきます。

単元の流れをデザインする

　高学年になると，単元が全8時間と長くなります。それぞれの時間に何を指導するかを明確にして，目標に向かってスモールステップで進めていきます。また，以下のように単元の流れを設定していますが，子どもたちの実態に応じて，8時間の中で柔軟に対応しながら進めていきます。

　1・2時間目　大まかな内容を掴む時間……インプット：アウトプット＝9：1

　　単元の目的や場面，状況等を把握し，英語を聞いて話の大まかな内容を掴みます。

　3・4時間目　内容を理解する・表現を知る時間……インプット：アウトプット＝7：3

　　話の具体的な情報を聞き取り，内容を理解します。使われている表現にも目を向けます。

　5・6時間目　表現を使う時間……インプット：アウトプット＝3：7

　　前時聞き取った表現を用いて，尋ねたり答えたりしてお互いのことを伝え合います。

　7・8時間目　自在に表現する時間……インプット：アウトプット＝1：9

　　目的や場面，状況等に応じて，自分の考えや気持ちを自在に表現し合います。

授業の流れをデザインする

　以下に示すような高学年の外国語の授業の大まかな流れをつくり，子どもたちにわかる形で示します。Small Talk を取り入れ，子どもたちが既習表現を活用ながら話す時間を多く取ります。読むこと・書くことの活動も，授業に応じて Challenge time に行います。

　①Greeting　　　　　　　先生と子どもたちとで英語であいさつをします。
　②Song time　　　　　　　毎時間単元に関する曲を単元ごとに歌います。
　③Teacher's time　　　　単元に関する言語材料のインプットを行います。
　　or Small talk　　　　　トピックについて子ども同士で自由に会話をします。
　④Challenge time　　　　言語材料を活用したアクティビティを行います。
　⑤Kirakira time　　　　　振り返りシートを使いながら，子どもたち自身で目標に沿った振り返りと自由記述の振り返りをします。先生の価値付けも行います。
　⑥Saying Good-bye　　　先生と子どもたちとで英語であいさつをします。

既習表現を活用する Small talk を位置付ける

　高学年では，Small talk を行い，既習表現を活用する場を位置付けます。今まで学習した表現を用いて，トピックについて話をします。始めは，先生のおしゃべりを聞くつもりで，トピックに出会います。先生は，そのトピックについて子どもたちに質問し，話に巻き込んでいきます。そして何人かとやり取りを何度か繰り返します。その後，同じように子ども同士でやり取りをします。このように，学習した表現を活用しながら自分の考えや気持ちを自在に表現できるという経験を積み重ねます。

成長につながるアドバイスタイムを位置付ける

　Challenge time で言語活動に取り組む際には，活動中にアドバイスタイムを位置付けます。ここで，子どもたちのできていることや成長につながるポイントを確認します。子どもたち自身が自分のやり取りを振り返ったり目標につながる課題を自覚したりして，後半の言語活動に取り組めるようにします。

言語活動からつながる書くことの活動をつくる

　高学年から始まる書くことの活動は，自分が話したことを書くことを大切にし，聞くこと・話すことの活動で音声に十分に慣れ親しんだ簡単な語句や基本的な表現を，語順を意識しながら書き写したり例文を参考に書いたりします。読むこと・書くことの活動を行うことで，さらに言葉の仕組みを理解して聞いたり話したりすることにつながります。

2 ５学年の年間指導計画例

単元名	活動内容	主な言語材料	他学年とのつながり
Unit1 自己紹介 をしよう （8時間）	・自分の名前や好きなものを伝えて自己紹介する。 ・自分の名前を書いたり綴りを伝えたりする。	I'm 〜, and you? I like 〜. I don't like 〜. What 〜 do you like? How do you spell your name?	1学年 U1，5〜7 2学年 U1，3，5 3学年 U1，4〜6 4学年 U1〜3，6，8 6学年 U1，8
Unit2 誕生日は いつ （8時間）	・誕生日や好きなもの・欲しいものを尋ねたり答えたりして伝え合う。 ・誕生日カードを作る。	When is your birthday? My birthday is 〜. What 〜 do you like / want? I like / want 〜.	1学年 U5〜7 2学年 U3〜6 3学年 U4〜7 4学年 U1〜3，5〜8 6学年 U1，3，8，9
Unit3 何の教科を 学ぼう （8時間）	・教科や曜日を尋ねたり答えたりして伝え合う。 ・自分の夢につながる時間割を考えて伝え合う。	Do you have (math) on 〜? What do you study on 〜? What do you want to study / be? I want to 〜.	1学年 U1，5〜7 2学年 U4〜7 3学年 U6，7 4学年 U3，5〜7 6学年 U2，3，8，9
Unit4 生活を 伝えよう （7時間）	・1日の生活の時間や普段していることを尋ねたり答えたりして伝え合う。	What time do you (get up)? I get up at (ten to six). I always / usually / sometimes / never (wash the dishes).	1学年 U4 2学年 U2 3学年 U3，6 4学年 U4，6，9 6学年 U2〜4，6，7，9
Unit5 人を紹介 しよう （8時間）	・できることを尋ねたり答えたりして伝え合う。 ・身近な人について紹介する。	Can you (play)(basketball)? Yes, I can. / No, I can't. He / She is my (teacher). He / She can / can't (cook).	3学年 U6，9 4学年 U6 6学年 U1〜4，7〜9
Unit6 場所に案内 しよう （8時間）	・ある物の位置やある場所までの行き方を尋ねたり答えたりして伝え合う。	Where's (my cap / the zoo)? It's on / under / in / by the 〜. Go straight for (two) blocks. Turn right / left at the 〜 corner.	2学年 U5，7 3学年 U6，8 4学年 U6，8 6学年 U2〜5，7
Unit7 お店で注文 しよう （7時間）	・丁寧に料理を注文したり値段を尋ねたり答えたりする。 ・メニューを紹介する。	What would you like? I'd like (pizza). How much is it? It's 〜 yen. This is my special menu.	1学年 U4，6 2学年 U4〜6 3学年 U3，6，7 4学年 U6，7 6学年 U3，6
Unit8 日本へ ようこそ （8時間）	・日本の四季や文化について尋ねたり答えたりし，自分の考えや気持ちを加えて紹介する。	We have 〜 in (January). I like 〜 because 〜. What do you do on (New year's day)? I usually 〜.	1学年 U5〜7 2学年 U3，7 3学年 U4〜6，8 4学年 U3，5〜7 6学年 U1〜4，6，7，9
Unit9 私のあこが れの人 （8時間）	・自分の憧れの人について説明し，その人についての自分の考えや気持ちを紹介する。	Who is your hero? This is my hero. He / She is good at (running). He / She is (wonderful).	3学年 U6，9 4学年 U6 6学年 U1〜3，8，9

単元名	活動内容	主な言語材料	他学年とのつながり
Unit1 自己紹介 をしよう （7時間）	・自分の名前や好きなもの・欲しいもの，誕生日などを伝えて自己紹介する。	I'm 〜, and you? I (like / want / play) 〜. My birthday is 〜. What 〜 do you 〜?	1学年 U1，5〜7 2学年 U1，3〜6 3学年 U1，4〜7 4学年 U1〜3，5，6〜8 5学年 U1，2，5，8，9
Unit2 私の 学校生活 （7時間）	・住んでいる場所や日常生活・自分の宝物などを尋ねたり答えたりして伝え合う。	I live in 〜. I go to 〜 elementary school. I usually 〜 at (six o'clock). My treasure is 〜.	1学年 U4〜7 2学年 U2，7 3学年 U3〜6 4学年 U4〜9 5学年 U3〜6，8，9
Unit3 おすすめ の国 （8時間）	・行ってみたい国やその理由を尋ねたり答えたりして伝え合う。 ・その国をおすすめする。	Where do you want to go? I want to go to 〜. Why? You can see / eat / visit / buy / get 〜. It's 〜.	1学年 U6，7 2学年 U3〜7 3学年 U4〜8 4学年 U5〜9 5学年 U2〜9
Unit4 夏休みの 思い出 （8時間）	・夏休みの思い出について尋ねたり答えたりして伝え合う。 ・その思い出を紹介する。	What did you do? I went to 〜. I ate / saw / enjoyed 〜. It was 〜.	1学年 U6，7 2学年 U3〜5 3学年 U4〜6 4学年 U6〜9 5学年 U4〜6，8
Unit5 地球に住む 生き物 （8時間）	・生き物の住処や食べ物を尋ねたり答えたりする。 ・地球に暮らす生き物のつながりを紹介する。	Where do (sea turtles) live? They live (in the sea). What do (sea turtles) eat? They eat (jelly fish).	1学年 U6，7 2学年 U4，5 3学年 U6，7 4学年 U6，9 5学年 U6
Unit6 食べ物の つながり （8時間）	・食べたものやよく食べるものを紹介する。 ・食材の産地や栄養素を尋ねたり答えたりする。	I ate 〜 yesterday. I usually eat 〜 for (lunch). 〜 is from 〜. 〜 is in the (yellow) group.	1学年 U6，7 2学年 U4，5 3学年 U4〜6 4学年 U6，7，9 5学年 U4，7，8
Unit7 6年間の 思い出 （8時間）	・小学校生活で思い出に残った出来事について尋ねたり答えたりして伝え合う。	What's your best memory? My best memory is 〜. We went to / ate / enjoyed / saw 〜. It was 〜.	1学年 U6，7 2学年 U3〜5 3学年 U4〜6 4学年 U6〜9 5学年 U4〜6，8
Unit8 将来の夢 （8時間）	・将来の夢を尋ねたり答えたりして伝え合う。 ・自分の将来の夢を紹介する。	What do you want to be? I want to be a (florist). Why? I like (flowers). Good luck.	1学年 U6，7 2学年 U3〜6 3学年 U4〜7 4学年 U6，7 5学年 U1〜3，5，9
Unit9 中学校の 生活 （8時間）	・部活動や学校行事など中学校生活について尋ねたり答えたりし，自分の考えや気持ちを紹介する。	What (club / school event / subject) do you want to (join / enjoy / study)? I want to 〜 because 〜.	1学年 U7 2学年 U3〜6 3学年 U4〜7 4学年 U6〜9 5学年 U2〜5，8，9

特別支援学級の授業デザインと年間指導計画例

1 特別支援学級の教育課程

　特別支援学級は，基本的には小学校の学習指導要領に沿って教育が行われますが，子どもたちの実態に応じて，特別支援学校の学習指導要領を参考として，特別の教育課程の編成ができるようになっています。特別支援学校の小学部・中学部学習指導要領では，以下のように示されています。

> 　小学部における外国語活動の目標，内容及び指導計画の作成と内容の取扱いについては，小学校学習指導要領第４章に示すものに準ずるほか，次の事項に配慮するものとする。
> 　１　児童の障害の状態や特性及び心身の発達の段階等に応じて，指導内容を適切に精選するとともに，その重点の置き方等を工夫すること。
> 　２　指導に当たっては，自立活動における指導との密接な関連を保ち，学習効果を一層高めるようにすること。

　特別支援学級の外国語活動では，特に上記の２つの事項に配慮しながら教育課程を編成していきます。

指導内容を精選したり，重点の置き方を工夫したりする

　配慮事項１に関わって，子どもたちの障害の状態や興味・関心等に応じて，指導内容の精選と重点の置き方等の工夫を行います。

①身近で日常生活で使う題材

　子どもたちにとって身近なコミュニケーションで必要となる内容を選びます。例えば，あいさつ，自己紹介，気持ち，好き嫌い，意思表示，数など，毎日の生活の中で何度も使う欠かせない学習内容を扱います。

②具体的で視覚化できる内容

　特別支援学級の子どもたちが，英語とその意味とを結び付けることを容易にするために，具体的で視覚化できる内容を選びます。英語の音声とともに，実物や絵カード，画像，動画などを見せて視覚的に意味を伝えます。先生がジェスチャーや表情で意味を伝えることも大

切です。

③簡単な単語や表現

子どもたちが聞いてわかりやすい，発話しやすい短くて簡単な単語や表現を選びます。

④楽しい活動

外国語活動の目標の１つに，主体的に外国語を用いてコミュニケーションを図ろうとする態度を養うことがあります。そのためには，子どもたちが外国語活動を「楽しい」と思って取り組めるものにする必要があります。子どもたちの興味・関心に合わせて楽しく取り組める活動を行います。

⑤余裕をもたせた教育課程

多くの指導内容を詰め込んでしまうと，子どもたちは学習に困難を感じたりし，学習が負担になってしまうことがあります。先生も計画通りに進まないと焦り，何とかしようとして子どもの実態と異なる学習を行い，悪循環が生まれてしまいます。始めから少し余裕のある教育課程を編成し，子どもの実態に応じて柔軟に授業が行えるようにします。

自立活動の指導と関連させる

配慮事項２に関わって，子どもたち１人１人の障害の状態等に応じて，学習上又は生活上の困難の改善・克服に関わる指導を行う自立活動と関連させていきます。ここでは，外国語活動における配慮の例を挙げます。どの活動も全員で行いますが，子どもたちの実態に応じて，意図的に取り入れていくことが大切です。

①体験活動

日常生活でコミュニケーションは欠かせません。他者とのコミュニケーションに苦手感のある子どもたちとも，いろいろな体験活動を通して，コミュニケーションを図ります。その際，自分や他人の役割をはっきりと理解させたり，活動の目的をわかりやすく示したりすることが大切です。あいさつやお買い物など，身近な生活の場面をロールプレイで行い，それを生活で行うことを体験したり，夏祭りやクリスマスなど年中行事を取り入れた授業を行い，模擬体験したりします。また，英語を聞いて，形を作ったり色を塗ったりして誕生日会の準備をするといった作業活動をすることもできます。

②動作活動

話すことが苦手な子どもたちとは，動作をつけながらやり取りをします。ジェスチャーで気持ちを伝えたり，手を動かしながら Yes / No と短く答えたりします。じっとするのが苦手な子どもたちとも，体全体を使って動きながら取り組む Simon says game やダンスなどの活動を行うとよいです。

③音楽・リズム活動

あいさつや天気，数，曜日や月などを歌で覚えたり，単語や文をチャンツで発話したりし

ます。話すことが苦手な子どもたちやおしゃべりをしてしまう子どもたちも，リズムに乗って楽しく歌うことができます。完璧に歌えなくても，英語の音やリズムを楽しみながら声を出すことが大切です。活動の合間に取り入れることで，授業にメリハリがつき，集中するのが難しい子どもたちも，授業の最後まで楽しみながら取り組むことができるようになります。

④多感覚に刺激のある情報

　聞くことに苦手感をもつ子どもたちは，絵カードや実物などを見せて聴覚情報に視覚情報を加えると理解しやすくなります。また，注意が散漫になりやすい子どもたちやコミュニケーションが苦手な子どもたちは，動画やDVDなどの映像メディアを活用すると，集中が続いたり状況把握がうまくいったりし，活動に取り組みやすくなります。

⑤わかりやすい文字情報

　いろいろな情報が混在していると，注意をどこに向けるとよいかわからなくなってしまう子どもたちもいます。文字が少なく，写真やイラストが大きな絵カードを用いるとよいです。文字に興味をもつ子どもたちには，英語の文字を提示する際に字体をそろえたり，品詞ごとに周りの色を変えたりと，理解しやすい工夫を行います。黒板に貼る絵カードや文字などの情報も精選し，子どもたちに必要なものを必要なだけ提示するようにします。

2　特別支援学級の授業デザイン

　特別支援学級での外国語活動では，子どもたち1人1人の障害の状況や特性等に応じて，ニーズに合わせた授業を行います。子どもたちのもつ力を高めていけるように，得意とすることを見つけて，その力が発揮できるような授業づくりを行います。

学習の流れをデザインする

　以下に示すような学習の大まかな流れをつくり，子どもたちにわかる形で示します。授業の流れをパターン化したり，黒板に授業の流れを掲示し，磁石や矢印などで今の活動をわかるようにしたりしておくと，子どもたちは授業の見通しをもち，安心して活動に取り組むことができます。授業中の突然の変更はできるだけ避けるようにします。

①Greeting　　　　　　先生と子どもたちとで英語であいさつをします。

②Song time　　　　　毎時間同じ曲を，身振り手振りをつけながら歌います。

③Teacher's time　　　単元に関する言語材料のインプットを行います。

④Challenge time　　　言語材料を使ったアクティビティを行います。いろいろな単語を用いたゲームややり取りを行います。

⑤Story time　　　　　単元で扱う言語材料が入った絵本を読みます。

⑥Kirakira time　　　　活動の中で見つけたよい姿を子どもたちに伝えて価値付けます。

⑦Saying Good-bye　　先生と子どもたちとで英語であいさつをします。

ゆっくりと，そして繰り返し活動する

　特別支援学級の子どもたちには，ゆっくりと余裕をもって指導します。先生の発話も明瞭にスピードを落として行います。特に聞き取ってほしい単語や表現は，強調しながら繰り返し聞かせていきます。一度で定着させようとせず，単位時間や単元の中のみでなく，年間を通して，そして学年を超えて何度も言語材料に触れる機会をつくり，繰り返し学習させることで，子どもたちの理解を促します。特別支援学級では，異なる学年の子どもたちが共に学習を行うこともあります。同じ活動を次の学年でも繰り返し行うなかで，徐々にできることが増えていったり自己表現がスムーズになったりし，子どもたち自身も満足感や自信をもって活動に取り組むことができます。

モデルを示し，練習してから活動する

　言語活動を行う際，まず先生が会話をし，モデルを見せます。ジェスチャーやリアクションを取り入れて行い，子どもたちをのせながら目的や場面，状況などを示します。その後，子どもたちと使う言語材料を練習します。特別支援学級の子どもたちにとって，見たものを，そのままやってみるというのは少し負荷があります。先生の後に続いて，子どもたちも繰り返し言います。自分の気持ちに合うように言い換える部分を変えながら繰り返し行います。何度か練習して，子どもたちが慣れてきてから活動を始めることで，学習負荷が減り，安心して活動を行うことができます。

なかまとやり取りをする活動を取り入れる

　コミュニケーションを図ることが苦手な子どもたちが多いので，なかまとやり取りをする必然性のある活動を取り入れます。活動の中で自然となかまとコミュニケーションが行われ，子どもたちは自分のことを伝えたりなかまのことを知ったりする楽しみを感じることができます。先生も活動に加わり，子どもたちを支援しながらコミュニケーションを楽しみ，なかまとやり取りをする楽しさを姿で示し，子どもたちに伝えます。

価値付けを大切にする

　授業の終末に Kirakira time を位置付け，子どもたちの頑張りを価値付けます。先生やなかまから褒められると満足感や達成感が生まれ，自信へとつながります。また，次時への意欲にもなります。1時間で特別支援学級の子どもたち全員を褒められるように見届けます。また，Nice! とハイタッチをしたり，Good job! とグータッチをしたりし，スキンシップを取りながら行うことで，親密感を高め，一体感を共有することができます。

単元名	活動内容	主な言語材料	他学年とのつながり
Unit1 いろんな あいさつ （2時間）	・いろいろなあいさつを知る。 ・名前や様子・状態を尋ねたり答えたりして伝え合う。	Good morning / afternoon/ evening / night. How are you? I'm 〜. I'm 〜, and you? Nice to meet you.	1学年 U1, 2 2学年 U1 3学年 U1, 2 4〜6学年 U1
Unit2 からだの ぶぶん （2時間）	・体の部分の言い方や動き方を知る。 ・聞こえた体の部分を触ったり動かしたりする。 ・指示を聞いて動く。	Touch your mouth / eye / nose / ear / shoulder / toe / knee / head / hair. Stand up. Sit down. Jump. Raise your hand. Clap your hands.	（活動中の指示）
Unit3 かずで あそぼう （2時間）	・1〜20までの言い方を知る。 ・身の回りのものの数を尋ねたり答えたりして伝え合う。	How many 〜? One 〜 twenty. What's this? It's 〜.	1学年 U4 2学年 U2, 4〜7 3学年 U3〜5, 7 4学年 U4〜7 5学年 U4, 7 6学年 U3
Unit4 いろで あそぼう （3時間）	・色の言い方を知る。 ・聞こえた色のものを見つける。 ・好きな色を尋ねたり答えたりする。	What color is this? Do you like 〜? What color do you like? I like red / blue / yellow / green / orange / purple / pink / black / white.	1学年 U5 2学年 U3 3学年 U4, 5, 7〜9 4学年 U1〜5 5学年 U1, 2, 8 6学年 U1
Unit5 くだもの だいすき （3時間）	・果物の言い方を知る。 ・果物クイズに答える。 ・好きな果物やほしい果物を尋ねたり答えたりする。	What fruit is this? Do you like 〜? What fruit do you like /want? I like / want apples / oranges / grapes / melons / lemons / peaches / mangoes.	1学年 U6, 7 2学年 U3〜6 3学年 U4, 5, 7, 8 4学年 U1〜3, 7 5学年 U1, 2, 7 6学年 U1, 3〜8
Unit6 もじで あそぼう （3時間）	・身の回りのアルファベットを見つける。 ・文字を作る。 ・アルファベットの名前を伝え合う。	What alphabet is this? It's （A）. 〜, please. Here you are.	3学年 U6 4学年 U6 5・6学年全単元
Unit7 かたちで あそぼう （3時間）	・形の言い方を知る。 ・かたちクイズに答える。 ・欲しい形を尋ねたり答えたりする。 ・できたものを紹介する。	What shape is this? Do you want 〜? What shape do you want? I want circles / triangles / squares / hearts / stars. What's this?　This is 〜.	1学年 U4 2学年 U4〜6 3学年 U3〜5, 7, 8 4学年 U7 5学年 U2, 3, 7, 8 6学年 U1, 3, 8, 9

Chapter

3

聞くこと・話すことの
英語ゲーム＆アクティビティ
55

1 言っちゃだめだよ1
Let's play Don't say game. 1

■領域　聞くこと　　■学年　全学年　　■時間　5分
■英語表現　いろいろな単語
■準備物　掲示用絵カード

ゲームの概要

　言ってはいけないキーワードとなる単語を決めて，その単語以外の単語は繰り返します。よく聞いて，キーワードとなる単語が出たら，言わないようにします。

手順（果物の場合）

❶すべての単語を確認します。

　すべての単語を順に言い，子どもたちにも繰り返し言ってもらいます。

　T : "Let's check the words."

❷キーワードとなる単語を決めます。

　キーワードとなる単語を1つ選びます。この単語が活動中に繰り返し言ってはいけないDon't say キーワードとなります。

　T : "Keyword is apples. Don't say apples."

❸いろいろな単語を手拍子に合わせて言います。

　手拍子をしながらいろいろな単語をリズムに合わせて順に言います。子どもたちは後に続いて繰り返し言います。

　T : "Don't say apples♪"　　　S : "Don't say apples♪"

　T : "Oranges♪"　　　　　　S : "Oranges♪"　　　　　T : "Peaches♪"　　　S : "Peaches♪"

❹キーワードとなる単語を言います。

　キーワードに選んだ単語を言います。その単語は，子どもたちは繰り返しません。言ってしまった子どもたちはアウトです。

　T : "Apples♪"　　S : "Apples♪"　←アウトです。　T : "Apples♪"　　S : "-."　←セーフです。

❺❶に戻って繰り返します。

全員で楽しむポイント

　黒板にいろいろな絵カードを用意し，キーワードとなるカードに×のマークを貼ることで，視覚的にわかりやすくします。また，短時間で活動を繰り返し行うことができるので，すぐに一連の流れを掴み，誰もが活動に参加しやすくなります。

2 言っちゃだめだよ2
Let's play Don't say game. 2

■領域　聞くこと　　■学年　全学年　　■時間　10分
■英語表現　いろいろな単語
■準備物　掲示用絵カード

 ゲームの概要

　Don't say game 1 の発展版です。キーワードとなる単語を子どもたちが決めたり，キーワードとなる単語を複数にしたりして，子どもたちの発話を促し，思考しながら聞かせます。

手順（果物の場合）

※❶❸❹❺は Don't say game 1 と同じです。

❷キーワードとなる単語を決めます。

□1キーワードとなる単語を子どもたちに決めてもらいます。

　キーワードとなる単語を子どもたちに1つ選んでもらいます。子どもたちに好きな果物を尋ね，黒板の中の絵から1つ選び，答えてもらいます。この単語が活動中に繰り返し言ってはいけない Don't say キーワードとなります。毎回，違う子どもたちに選んでもらい，たくさんの子どもたちに学級全員の前で発話する機会をつくります。

T："What fruit do you like?"　　　　　　　　　　S1："I like oranges."

T："OK. Keyword is oranges. Don't say oranges."

□2キーワードとなる単語を複数にします。

　キーワードとなる単語を複数選びます。始めのうちは先生が選び，慣れてきたら子どもたちと選んでもいいです。キーワードが複数になるので，活動中，いろいろな単語を頭の中で反復し，意識しながら活動することができます。最初は2つからで，できそうであれば1つずつ徐々に増やしてみてください。

T："Keywords are peaches and lemons. Don't say peaches and lemons."

T："Don't say peaches♪"　"Don't say lemons♪"

全員で楽しむポイント

　黒板にいろいろな絵カードを用意し，キーワードとなる単語のカードに×のマークを貼ることで，視覚的にわかりやすくします。また，Don't say game 1 の発展版なので，大きな流れを理解し，スムーズにレベルを上げていきましょう。単語を選ぶとき，わからない単語があれば，子どもたちが指で示し，先生の後に続いてリピートするとよいです。

3 そろうかな1
Let's play BINGO game. 1

■領域　聞くこと　　■学年　全学年　　■時間　15分
■英語表現　いろいろな単語
■準備物　掲示用絵カード・子ども用絵カード

 ゲームの概要

　BINGO game です。9枚のカードを使い，子どもたちが自分用のシートを作ります。子どもたちは，先生の言葉を聞き，その単語のカードを裏返していきます。

手順（動物の場合）

❶すべての単語を確認します。

　すべての単語を順に言い，子どもたちにも繰り返し言ってもらいます。

　T："Let's check the words."

❷ BINGO シートを作ります。

　子ども用絵カードの9枚を使い，縦3×横3の BINGO シートになるように，並べます。

　T："Let's make a BINGO sheet. Please choose nine cards."

　T："Line the three cards up in a column and row."

❸聞こえた単語を裏返します。

　先生は，1つずつ単語を言います。子どもたちは，聞こえた単語のカードを裏返します。

　T："Lions."　　　S：（ライオンが描かれた絵カードを裏返します）

❹縦，横，斜めのいずれか1列が裏返ったら，"BINGO" と言います。

　子どもたちは，縦，横，斜めのいずれか1列が裏返ったら，"BINGO" と言います。1人が BINGO しても全員が BINGO するまでそのまま続けます。

❺チャンピオンを決めます。

　子どもたち全員が1つは BINGO できたら，先生はそこで終了し，いくつ BINGO になったかを尋ね，チャンピオンを決めます。

　T："How many BINGOs did you get?"　　S："Three."　　T："Great. You are the champion."

全員で楽しむポイント

　黒板の掲示用絵カードと子ども用絵カードは，同じものを用意し，シートを作るときに一緒にやってみたり，単語を言うときに見せたりと，子どもたちが活動しやすいようにします。カードで自分自身の BINGO シートを作るので，何度も繰り返し行うことができます。

4 そろうかな2
Let's play BINGO game. 2

■領域　聞くこと　　■学年　全学年　　■時間　15分
■英語表現　いろいろな単語
■準備物　掲示用絵カード・子ども用絵カード

 ゲームの概要

　BINGO game 1 の発展版です。BINGO game は何度も聞くことができる活動です。いろいろなバリエーションで，英語を聞き，楽しく活動していきます。

手順

① No BINGO game

※❶❷❸は BINGO game 1 と同じです。

　この活動は立って行います。❷の準備が終わったら子どもたちに立つよう指示してください。BINGO game はたくさん BINGO した人が勝ちとなりますが，No BINGO game は最後まで BINGO にならなかった人が勝ちになります。子どもたちは，縦，横，斜めのいずれか1列が裏返ったら，"Oh, no! BINGO" と言い，座ります。1人が BINGO して座っても，そのまま続けます。立っている人が少なくなったら終わりにします。最後まで立っている人がチャンピオンになります。

② Shape BINGO game

※❶❷❸は BINGO game と同じです。

　BINGO game と同じように進めますが，縦，横，斜めではなく，カードを裏返し，お題の形ができたら BINGO となります。お題は□ (square) や ◇ (diamond) だけでなく，中学年や高学年ならアルファベットの「C」「N」「T」「Z」「X」などでも可能です。

T："Let's challenge Shape BINGO. The first shape is diamond."

S：（1番上の列の真ん中，中の列の左右，1番下の列の真ん中が裏返り，ダイヤモンドの形になったら）"Diamond BINGO."

> **全員で楽しむポイント**
>
> 　黒板の掲示用絵カードと子ども用絵カードは，同じものを用意し，シートを作るときに一緒にやってみたり，単語を言うときに見せたりと，子どもたちが活動しやすいようにします。②の Shape BINGO game では，BINGO となる目指す形を予め黒板に示しておき，ゴールをわかりやすくします。既習表現に触れる機会を多くし，定着を図っていきます。

5 そろうかな3
Let's play BINGO game. 3

■領域　聞くこと・話すこと［やり取り］　　■学年　全学年　　■時間　15分
■英語表現　いろいろな単語
■準備物　掲示用絵カード・子ども用絵カード

 ## ゲームの概要

　BINGO game 1の発展版です。子どもたちに質問させてから先生が単語を言ったり，子どもたちがカードを1枚選んで全員に伝えたりして，子どもたちの発話を促しながら聞かせます。

手順（動物の場合）

※❶❷❹❺は BINGO game 1と同じです。

❸単語を選んで言います。子どもたちは，聞こえた単語を裏返します。

　①子どもたちの質問に答える形で，先生は単語を伝えます。

　　子どもたち全員に「好きな動物は何ですか」と尋ねてもらい，先生はその質問に答える形で裏返す単語を伝えます。

　S："What animal do you like?"　　T："I like dogs."

　S：（イヌが描かれた絵カードを裏返します）

　　他にも，子どもたちに「欲しい動物は何ですか」と尋ねてもらい，先生はその質問に答える形で裏返す単語を伝えてもよいです。

　S："What animal do you want?"　　T："I want cats."

　S：（ネコが描かれた絵カードを裏返します）

　②子どもたちの質問に答える形で，子ども1人が単語を伝えます。

　　①と同じように子どもたち全員が尋ねた後，子ども1人が先生の持つ子ども用絵カードの中から1枚引き，他の子どもたちに伝えます

　S："What animal do you like?"　　S1："I like rabbits."

　S：（ウサギが描かれた絵カードを裏返します）

全員で楽しむポイント

　黒板の掲示用絵カードと子ども用絵カードは，同じものを用意し，シートを作るときに一緒にやってみたり，単語を言うときに見せたりと，子どもたちが活動しやすいようにします。子どもたちの発話を促すとき，1文すべてを言うことが難しいようであれば，"What animal?" と短く区切って，スモールステップで進めていくとよいです。

6 おぼえられるかな１
Let's play Memory game. 1

■領域　聞くこと　　■学年　全学年　　■時間　10分
■英語表現　いろいろな単語
■準備物　掲示用絵カード・子ども用絵カード

★ ゲームの概要

　先生がいくつかの単語を言い，子どもたちはその単語をすべて聞き終えた後に，聞いた順番にカードを並べていく活動です。並べるまで，頭の中で，英語を反芻することができます。

手順（色の場合）

❶すべての単語を確認します。

　すべての単語を順に言い，子どもたちにも繰り返し言ってもらいます。

T："Let's check the words."

❷子ども用絵カードを表向きにして机の上に並べます。

　子ども用絵カードすべてを表向きにし，子どもたちの机の上に広げます。

T："Spread out the cards on your desk."

❸先生が言った単語を，聞こえた順に並べます。

　子どもたちは先生が英語を言っている間，カードに触らないように，手を頭の上に置くよう，指示します。先生は，３つ程度，単語を言います。慣れてきたら，数を増やしていきます。二度繰り返します。子どもたちは，聞こえた単語を左から順に机の上に並べていきます。

T："Put your hands on your head."

T："Red, white, black." "Red, white, black." "Ready? ... Go!"

S：（赤，白，黒と左から順に机の上に並べていきます）

❹答え合わせをします。

　言った単語を子どもたちと一緒に確認して，黒板に並べていきます。

T："What is the first card?"　　S："Red."

❺❶に戻って繰り返します。

> **全員で楽しむポイント**
>
> 　黒板の掲示用絵カードと子ども用絵カードは同じものを用意し，答え合わせのとき，子どもたちの机の上と同じように黒板に再現します。聞き終わるまでカードは触らないというルールですが，難しい子どもたちは聞きながら並べてもよいとし，個に応じて取り組みます。

聞くこと・話すことの英語ゲーム＆アクティビティ55

3

7 おぼえられるかな2
Let's play Memory game. 2

■領域　聞くこと　　　■学年　中・高学年　　　■時間　10分
■英語表現　いろいろな単語
■準備物　掲示用絵カード・子ども用絵カード

ゲームの概要

　Memory game 1 の発展版です。レベルを上げて，いろいろなバリエーションで，英語を聞き，楽しく活動していきます。

手順（色の場合）

① Face down Memory game

※❶❸❹❺は Memory game 1 と同じです。

　Memory game では，カードはすべて表向きで行いましたが，この活動ではカードを裏向きにして行います。カードを裏向きにしておくことで，英語のみを聞いて，その単語を頭の中でイメージし，覚えていくことになります。

❷子ども用絵カードを裏向きにして机の上に並べます。

　子ども用絵カードすべてを裏向きにし，子どもたちの机の上に広げます。

　T："Spread out the cards face down on your desk."

② Sound Memory game

※❶❷❹❺は Memory game 1 と同じです。

　Memory game 1 と同じように進めますが，単語を伝えるときに，そのまま単語を言うのではなく，1つ1つの文字の音で伝えます。文字にも意識を向けていきたい高学年におすすめです。

❸先生が言った文字の音と単語を聞いて，順にカードを並べます。

　T："'P', 'i', 'n', 'k', Pink. 'B', 'r', 'o', 'w', 'n', Brown. 'G', 'r', 'a', 'y', gray."

　T："'P', 'i', 'n', 'k', Pink. 'B', 'r', 'o', 'w', 'n', Brown. 'G', 'r', 'a', 'y', gray." "Ready? ... Go!"

> **全員で楽しむポイント**
>
> 　黒板の掲示用絵カードと子ども用絵カードは，同じものを用意し，答え合わせのときに，子どもたちの机の上と同じように黒板に再現します。この活動は発展版のため，難易度が高めです。難しいようであれば，表向きで行ったり，途中で並べたりするのも可能です。子どもたちがそれぞれ自分でレベルを選び，取り組んでもよいです。

8 かるたで遊ぼう
Let's play KARUTA game.

■領域　聞くこと　　■学年　全学年　　■時間　15分
■英語表現　いろいろな単語
■準備物　掲示用絵カード・子ども用絵カード

ゲームの概要

　日本のかるた遊びと同じ方法で，聞こえた絵カードを取っていく活動です。先生が単語を言い，子どもたちは聞こえた単語の絵カードを取っていきます。

手順（野菜の場合）

❶すべての単語を確認します。

　すべての単語を順に言い，子どもたちにも繰り返し言ってもらいます。

　T："Let's check the words."

❷子ども用絵カードを表向きにして机の上に広げます。

　1人1組の子ども用絵カードを用意し，すべてを表向きにし，机の上に広げます。

　T："Spread out the cards on your desk."

❸聞こえたカードを取ります。

　先生は1つずつ単語を二度言います。子どもたちは，聞こえた単語のカードを取ります。

　T："Carrots. Carrots."　　S：（ニンジンが描かれた絵カードを取ります）

［アレンジ］

　①ペアで KARUTA（中・高学年向け）

　　ペアで1組のカードを使って行います。たくさん取れた人の勝ちです。相手がいることで，より楽しく活動することができます。

　②配達しよう（低学年向け）

　　1人1つ家のポストのような小さな箱を用意します。その箱に聞こえた単語のカードを入れていきます。欲しいものをポストに届けていくイメージで行うことができ，楽しく活動することができます。

> **全員で楽しむポイント**
>
> 　黒板の掲示用絵カードと子ども用絵カードは同じものを用意し，二度単語を言った後，掲示用絵カードを全員に見えるように示します。聞いて分からなかった子どもたちや取るのに不安な子どもたちも，その絵カードを見て確認し，取ることができます。

9 なくなったのは何かな
Let's play Missing game.

■領域　話すこと［やり取り］　　■学年　全学年　　■時間　10分
■英語表現　いろいろな単語
■準備物　掲示用絵カード

ゲームの概要

黒板にいくつかのカードを貼ります。全員で確認し，子どもたちに目を閉じてもらいます。その間にカードを1枚隠します。子どもたちはなくなっているカードが何かを当てます。

手順（食べ物の場合）

❶すべての単語を確認します。

すべての単語を順に言い，子どもたちにも繰り返し言ってもらいます。

T："Let's check the words."

❷先生が絵カードを隠すので，目を閉じます。

子どもたちに目を閉じてもらいます。その間に，先生は黒板に貼られた絵カードの中から1枚選び，隠します。

T："Good night. Please close your eyes."　　　S：（子どもたちは目を閉じます）

T：（貼ってある絵カードの中から1枚隠します）

❸目を開けて，なくなったカードは何かを当てます。

子どもたちは目を開けて，黒板からなくなったカードは何かを当てます。

T："Good morning. Please open your eyes."

S：（始めにあった絵カードの中からなくなったカードは何かを考えます）

❹答え合わせをします。

先生はなくなったカードは何かを尋ね，子どもたちは答えを言います。

T："What is missing?"　　　S："Omelet."

❺❶に戻って繰り返します。

▶ **全員で楽しむポイント**

覚えるカードを1回目は4枚程度にします。2回目は5枚，3回目は6枚といったように，徐々に覚えるカードを増やしていきます。全員が答えられる枚数まで増やしていきます。また，隠すカードの数を増やし，子どもたちが答える機会を増やしていくこともできます。その場合は，"What are missing?" と尋ねてください。

10 なかまはどこかな１
Let's play Matching game. 1

■領域　聞くこと・話すこと［やり取り］　　■学年　低・中学年　　■時間　15分
■英語表現　いろいろな単語
■準備物　掲示用絵カード（２組）

⭐ **ゲームの概要**

　掲示用絵カードを２組用意します。学級を２チームに分けます。各チーム，神経衰弱のように，絵カードを２枚ずつめくっていき，ペアができたら，得点が入ります。

手順（文房具の場合）

❶すべての単語を確認します。

　すべての単語を順に言い，子どもたちにも繰り返し言ってもらいます。掲示用絵カード２組をよく混ぜ，裏向きにして黒板に貼ります。

　T："Let's check the words."

❷各チーム絵カードを２枚めくり，全員で確認します。

　子どもたちを２つのチームに分けます。各チーム，順に絵カードを２枚めくり，めくった絵カードを全員で確認します。

　S：（各チーム，順に２人ずつ前に出てきて，絵カードを２枚選びます）

　T："Please open the cards."

　T："What are these?"　　S1："They are pencils."　　T："What are these?"

　S2："They are rulers."　　T："Sorry. Not match."　←得点はもらえません。

　T："What are these?"　　S1："They are pens."　　T："What are these?"

　S2："They are pens."　　T："Great. You can get 1 point."　← 得点がもらえます。

❸合っても，合ってなくても，次のチーム代わり，❷に戻ります。

❹すべてのカードがなくなったら，終了です。得点を確認します。

　T："Team A has 6 points. Team B has 4 points. The winner is Team A."

全員で楽しむポイント

　めくったカードを言うとき，文で答えることが難しいようであれば，単語のみでよいです。わからないときは，他の子どもたちに "A hint, please." と尋ねるよう促したり，先生がその単語の最初のアルファベットを伝えたりします。前に出たカードがめくられたときは，同じチームの子どもたちで，"Up."，"Down."，"Right."，"Left." とヒントを伝えると楽しく活動できます。

11 なかまはどこかな２
Let's play Matching game. 2

■領域　聞くこと・話すこと［やり取り］　　■学年　中・高学年　　■時間　15分
■英語表現　いろいろな単語
■準備物　掲示用絵カード（２組）

 ゲームの概要

　Matching game 1 の発展版です。既習表現を活動の中で活用しながら取り組みます。英語で伝え合いながら，全員で楽しく活動していきます。

手順（文房具の場合）

※❶❸❹は Matching game 1 と同じです。

1⃣ **ドアの向こうには？―数字―**

　１から順に数字が書かれたドアの絵を用意し，掲示用絵カード２組の裏面に，ランダムに貼っておきます。Matching game では，子どもたちが２人ずつ前に出てカードを開きましたが，この活動では，ドアに書かれた数字を先生に伝え，ドアを開き，中を確認します。

❷**各チーム絵カードの裏に書かれた数字を２つ選び，全員で確認します。**

　　T："What number will you open?"　　S1："No.5, please."

　　T："OK. What are these?"　　S1："They are pencils."

2⃣ **ドアの向こうには？―既習表現―（動物の場合）**

　いろいろな既習表現が描かれたドアの絵を用意し，掲示用絵カード２組の裏面に，ランダムに貼っておきます。Matching game では，子どもたちが２人ずつ前に出てカードを開きましたが，この活動では，ドアに描かれた絵を先生に伝え，ドアを開き，中を確認します。

❷**各チーム絵カードの裏に描かれた絵を２つ選び，全員で確認します。**

　　T："What animal's door will you open?"　　S1："The bear's door, please."

　　T："OK. What are these?"　　S1："They are rulers."

全員で楽しむポイント

　めくったカードを子どもたちが言うとき，文で答えることが難しいようであれば，単語のみでよいです。また，わからないときは，他の子どもたちに "A hint, please." と尋ねるよう促したり，先生がその単語の最初のアルファベットを伝えたりします。既習表現を活用しながら活動するため，難しいと感じる子どもたちには，Matching game と同じように，前に出てめくったり，先生が，"Do you like this door?" と指し示しながら尋ねたり，柔軟に行います。

12 どんな気分かな1
How are you? 1

■領域　聞くこと・話すこと［やり取り］　　■学年　全学年　　■時間　15分
■英語表現　気分を表す表現　動物を表す表現
■準備物　動物の写真・掲示用絵カード

★ ゲームの概要

　動物たちも人と同じようにいろいろな表情をもっています。いろいろな動物たちの写真を見ながら，その動物たちがどんな気分なのかを考えます。

手順

❶いろいろな表情をしている動物の写真を見ます。

　いろいろな表情をしている動物たちの写真を用意します。先生は子どもたちとその動物を確認します。子どもたちは写真を見ながら，どんな気分なのかを尋ねます。

T："What animal is this?"　　　　S："It's a cat."

T："That's right. It's so cute."　　S："How are you?"

❷その動物の気分を考え，尋ねます。

　子どもたちはその動物の気分を考え，尋ねます。先生は動物になりきって答えます。

S1："Are you sleepy?"　　T："No, I'm not."

S2："Are you happy?"　　T："Yes, I am. I'm happy."

❸当たったら，その理由を考えます。

　子どもたちはどうしてその動物がその気分なのか，理由を考え，伝えます。先生は動物になりきって答えます。理由となる写真が用意できれば，その写真を見せ，会話します。

S3：「外で遊んだからかな？」　　　T："No, I didn't."

S4：「お魚を食べたからかな？」　　T："Yes, I did. So, I'm happy."

T："I like tuna the best. Do you like tuna?"

❹❶に戻って繰り返します。

全員で楽しむポイント

　理由を上手く日本語で伝えられない場合は，日本語で言ったものを先生が英語で言い換えていけばよいです。発話することを楽しみながら，言語材料に何度も触れていきます。いろいろなおもしろい写真を用意しておき，全員が興味をもって楽しめるようにしておきます。誰もが発話できるように，質問役を順に代わっていってもよいです。

13 どんな気分かな２
How are you? 2

■領域　聞くこと・話すこと［やり取り］　　■学年　全学年　　■時間　20分
■英語表現　気分を表す表現
■準備物　掲示用絵カード

 ## ゲームの概要

　気持ちは，言葉のみでなく，表情や身振り手振りでも伝えられることができます。表情や身振りで気持ちを伝え，わかり合う喜びを味わいます。

手順

❶ジェスチャーを見て，どんな気分なのかを当てます。

　T：(拳をつき上げます)　　　S：Are you happy?

　T：(首を横に振ります)　　　S：Are you fine?　　　T：Yes, I'm fine.

❷ジェスチャーをつけながら，気分を表す表現を確認します。

　　先生の動きを真似しながら，気分を表す表現を確認します。慣れてきたら，子どもたちのオリジナルジェスチャーを考えて行います。

　T："Let's do together. I'm happy."(両手を挙げます)　　S："I'm happy."(両手を挙げます)

　T："I'm hungry."(お腹を押さえます)　　　　　　　S："I'm hungry."(お腹を押さえます)

　T："Let's make your original gesture."

❸ジェスチャーをしながら，相手の気分を当て合います。

　S1："Hello."　　　　　　　S2："Hello."

　S1："How are you?"　　　　S2：(手を挙げてジャンプします)

　S1："Are you fine?"　　　　S2：(首を横に振ります)

　S1："Are you happy?"　　　S2："Yes, I'm happy. How are you?"

　S1：(目をこすります)　　　S2："Are you sleepy?"

　S1："Yes, I'm sleepy."

全員で楽しむポイント

　言葉を用いて気持ちを伝えるのもよいですが，大きな身振り手振り，そして表情で自分の気持ちがわかってもらえると，より嬉しい気持ちになります。また，ジェスチャーから気持ちを考えることで，相手のことを理解しようという温かい気持ちが生まれます。この活動の中で，学級全員が安心して活動できる雰囲気をつくっていきます。

②言語材料に合わせてできるゲーム＆アクティビティ

14 何色かな 1
What color is this? 1

■領域　聞くこと・話すこと［やり取り］　　■学年　低・中学年　　■時間　10分
■英語表現　色を表す表現　身の回りのものに関する表現
■準備物　いろいろなモノクロ写真

 ## ゲームの概要

　子どもたちの身の回りにはいろいろな物で溢れています。そんな身の回りのいろいろな物のモノクロ写真を見て，その写真の物の色を当てます。

手順

❶身の回りのもののモノクロ写真を見ます。

　下記に示すような，いろいろな身の回りのものの写真を，モノクロ写真にします。その写真を子どもたちに見せます。

＜例＞

・ポスト → red（赤）　　　　・ブドウ → purple（紫）

・海 → blue（青）　　　　　・チョコレート → brown（茶）

・レモン → yellow（黄）　　・桃 → peach（桃）

・葉 → green（緑）　　　　　・豆腐 → white（白）

・みかん → orange（橙）　　・カラス → black（黒）　　　　　等

❷その物の色が何かを当てます。

　子どもたちは写真を見て，その物の色が何かを当てます。

T："What is this?"　　　　　S："It's a lemon."

T："What color is this?"　　S："It's yellow."　　　T："Good."

❸その物について話をします。

T："Do you like lemons?"　　S："Yes, I do."

T："Can you eat lemons?"　　S："Yes, I can."

全員で楽しむポイント

　全員が知っている身の回りのものをクイズにします。誰もが答えられるので，気軽に活動に参加できます。また，ブドウ → light green（黄緑）のように，用意していたものとは違う色を答えても，学級内で「その色もあるね。（"Oh, I see."）」や「ほかの色はあるかな？（"Anything else?"）」と声をかけ合い，いろいろな見方を大切にしていきます。

❷言語材料に合わせてできるゲーム＆アクティビティ

15 何色かな２
What color is this? 2

■領域　聞くこと・話すこと［やり取り］　　■学年　中・高学年　　■時間　10分
■英語表現　色を表す表現　身の回りのものに関する表現
■準備物　いろいろなモノクロ写真

★ ゲームの概要

　身の回りのいろいろな物のモノクロ写真を見て，その写真の物の色を当てます。しかし，今回は，当たり前の色ではなく，予想外の色の物にしてあります。

手順

❶身の回りのもののいろいろな色をしているモノクロ写真を見せます。

　下記に示すような，いろいろな身の回りの予想外の色をしている物の写真を，モノクロ写真にします。その写真を子どもたちに見せます。

＜例＞

・バナナ → red（赤）　　　　　・ニンジン → purple（紫）

・ザリガニ → blue（青）　　　・トマト → brown（茶）

・スイカ → yellow（黄）　　　・イルカ → peach（桃）

・リンゴ → green（緑）　　　　・イチゴ → white（白）

・カボチャ → orange（橙）　　・ブタ → black（黒）　　　　　等

❷その物の色が何かを当てます。

　子どもたちは写真を見て，その物の色が何かを当てます。

T："What is this?"　　　　　　　　　　　S："It's an apple."

T："Yes. That's right. What color is this?"　　S："It's red."

T："Nice try. But it's not red. Anything else?"　　S："Is it green?"　　T："Great."

❸その物について話をします。

T："Do you like apples?"　　S："Yes, I do."

全員で楽しむポイント

　全員が知っている身の回りの物をクイズにします。誰もが答えられるので，気軽に活動に参加できます。また，子どもたちが予想しない色の写真を用意しておくことで，「これ，前に見たことがあるよ」や「これは知らなかったよ」とリアクションしながら，子どもたちは楽しんでクイズに取り組むことができます。

16 さかなつりをしよう
Let's enjoy fishing.

■領域　聞くこと・話すこと［やり取り］　　■学年　低・中学年　　■時間　15分
■英語表現　色を表す表現
■準備物　いろいろな色の魚の絵，磁石のついたつりざお

 ゲームの概要

　クリップがついたいろいろな色の魚を準備し，先生が言った色を聞いて，その色の魚を磁石がついたつりざおで釣ります。

手順

❶いろいろな色の魚を机の上に並べます。

　　画用紙で作ったいろいろな色の魚を机の上に並べます。

　T："Let's enjoy fishing."

❷つりざおをもらいます。

　　子どもたちに１つずつ，先に磁石をつけたつりざおを渡します。

　T："This is your fishing rod. Here you are."

❸先生が言った色の魚をつります。

　　先生は１つの色を選んで子どもたちに伝えます。子どもたちは聞こえた色の魚をつります。

　T："Please catch yellow fish."

　S：黄色の魚をつりざおでつります。

　T："Great. Please catch red fish."

［アレンジ］

　上記のように，１人１セットずつ用意して行ってもよいですが，４人程度のグループに２セットの魚を用意して，魚つり大会をするのも楽しいです。１匹１点として，誰が多くの魚をつれるかを競います。少人数であれば，いくつかの魚のセットを用意して，学級全員で行うこともできます。

> **全員で楽しむポイント**
>
> 　どの子どもたちも活動に参加できるように，つる魚を伝えたら，子どもたちに見えるようにどの魚をつるかを示します。また，事前の活動で，いろいろな色の学習をしたときに，好きな色を使って魚の絵を描いておき，その魚を用いて活動するのも楽しいです。前時，自分の描いた魚をつることができ，意欲をもって取り組めます。

17 色おにをしよう
Let's play color tag.

■領域　聞くこと・話すこと［やり取り］　　　■学年　全学年　　　■時間　15分
■英語表現　色を表す表現，好きな色を尋ねる表現
■準備物　なし

 ゲームの概要

　英語版の色おにです。逃げる人は，おにの人に好きな色を尋ねます。おにの人が好きな色を言います。おにの人につかまる前に，逃げる人はお題の色のものに触ります。

手順

❶じゃんけんでおにになる人を決めます。

　　じゃんけんをし，最初におにになる人を決めます。

　T："Let's do Rock-Scissors-Paper.　　"S："Rock-Scissors-Paper, 1 2 3."

❷おにの人は好きな色を言います。

　　逃げる人は，おにの人に好きな色を尋ねます。おにの人は好きな色を伝えます。

　S："What color do you like?"

　S1："I like blue."

❸逃げる人は，おにの人が言った色の物に触ります。

　　逃げる人は，おにの人が言った色の物を探し，その色の物に触ります。

❹おにの人は，逃げる人を捕まえます。

　　おにの人は，好きな色を言ってから5秒後にまだその色の物に触っていない逃げている人を見つけ，捕まえます。

　S1：（逃げている人を捕まえたら）"I got you."

❺次のおにの人が好きな色を伝えます。

　　逃げる人は，次のおにの人に好きな色を尋ねます。次のおにの人が好きな色を❷のように伝えます。もし，前のおにの人が捕まえられず，逃げる人が全員好きな色の物に触っていたら，もう一度，おにの役をします。

全員で楽しむポイント

　校庭や体育館など，広くていろいろな色の物があるところで行ってください。体を動かしながら，英語で楽しく活動することができます。また，子どもたちが尋ねるときに，全員で声をそろえて言うことができるよう，先生が "One, two." とリズムを取ると言いやすくなります。

18 きれいなちょうを作ろう
Let's make a beautiful butterfly.

■領域　聞くこと・話すこと［やり取り］　■学年　中・高学年　■時間　20分
■英語表現　色を表す表現，好きな色を尋ねる表現
■準備物　ちょうのぬり絵，色鉛筆

★ ゲームの概要

　ちょうのぬり絵をします。先生や子どもたちの好きな色を尋ね，その答えから，全員の好きな色が入ったちょうを完成させます。

手順

❶色鉛筆とぬり絵を用意して，活動の準備をします。

　T："Let's make a beautiful butterfly. Do you have colored pencils?"

❷先生の好きな色を聞き，その色でぬり絵の中の１か所を塗ります。

　　自分の好きな色を子どもたちに伝えます。子どもたちは，先生の好きな色を聞き，その色でぬり絵の中の１か所を塗ります。

　T："I like blue."　　　S：（青色でぬり絵の中の１か所を塗ります）

❸なかまの好きな色を聞き，その色でぬり絵の中の１か所を塗ります。

　　先生と子どもたちとで，子どもたちの１人に好きな色を尋ねます。好きな色を聞き，その色でぬり絵の中の１か所を塗ります。全員の好きな色を聞けるまで繰り返します。

　S："What color do you like?"　　　　　　S1："I like yellow."

　S：（黄色でぬり絵の中の１か所を塗ります）

　S："What color do you like?"　　　　　　S2："I like red."

　S：（赤色でぬり絵の中の１か所を塗ります）

❹完成したら，全員で見せ合います。

　T："Please show me your picture."

［アレンジ］

　ペアを作って，お互いの好きな色を尋ね合い，その色を用いて行うのも楽しいです。

全員で楽しむポイント

　子どもたちと同じぬり絵を拡大し，黒板に用意します。子どもたちと同じように黒板でぬり絵をし，色や方法をわかりやすく示します。この活動の前に，『A Beautiful Butterfly（アプリコット出版，2011年）』の本を読み聞かせて，世界観をつくってから取り組むのも楽しいです。

❷言語材料に合わせてできるゲーム＆アクティビティ

19 何ひきいるかな1
How many animals? 1

■領域　聞くこと・話すこと［やり取り］　　■学年　全学年　　■時間　10分
■英語表現　数を表す表現，動物を表す表現
■準備物　だまし絵

★ ゲームの概要

　動物が隠れているだまし絵を用意します。その絵を見せて，その中に何ひき動物がいるかを数えたり探したりします。

手順

❶だまし絵の中にどんな動物がいるかを見つけます。

　だまし絵を見せてその中にどんな動物がいるかを尋ねます。子どもたちは，その絵の中にいる動物を見つけます。

T："Look at this picture. What animal can you see?"

S："I found a panda."

❷その動物が何ひきいるかを探します。

　その動物が絵の中に何ひきいるかを尋ねます。子どもたちは，絵の中の動物を探し，数えて答えます。

T："How many pandas can you see?"　　　S："One."

T："Really? Please watch carefully."　　　S："I got it."

T："Where is it?"　　　S："Here."

T："Great. Let's count together."　　　S："One, two."

T："Anything else?"

❸その動物についての話を聞きます。

T："Do you like pandas?"　　　S："Yes, I do."

T："Do you want to have pandas?"　　　S："No."

> **全員で楽しむポイント**
>
> 　たくさんの動物が描かれている絵を用意し，英語が得意な子どもたちもそうでない子どもたちも，活躍できる活動にしました。一目見ただけでは，何ひきいるかわからないので，数を数える必然性が生まれ，楽しく活動することができます。動物の単元で，全員で好きな動物のイラストを模造紙などに描き，そこで完成した絵を用いて活動を行うこともできます。

64

20 何ひきいるかな2
How many animals? 2

■領域　聞くこと・話すこと［やり取り］　　■学年　全学年　　■時間　10分
■英語表現　数を表す表現，動物を表す表現
■準備物　動物の写真

★ ゲームの概要

　動物が複数載っている写真を一瞬だけ見て，その写真の中に何ひきの動物がいたかを答える活動です。慣れてきたら，写真の枚数を増やして行います。

手順

❶動物が複数載っている写真を見て，その中に何ひき動物がいるかを数えます。

　動物が複数載っている写真を一瞬だけ見せます。子どもたちは，その写真の中に何ひきの動物がいたかを数えます。

T："Please watch carefully. How many dogs can you see?"

S："One more time, please."

❷少し時間を長くして，もう一度見せます。

　先ほどより，時間を少し長くして子どもたちに見せます。

T："How many dogs can you see?"　　S："Five."

T："Really? Please watch carefully."　　S："Six."

T："Good. Let's count together."　　S："One, two, ..."

❸動物が複数載っている写真2枚を見て，その中に何ひき動物がいるかを数えます。

　動物が複数載っている写真を2枚見せます。子どもたちは，その写真の中に，どんな動物が何ひきいたかを数えて，合計を答えます。

T："Please watch carefully. What animals can you see?"

S："I found cats and dogs."　　T："Great. How many cats and dogs can you see?"

S："Three cats and five dogs."　　T："Three plus five is?"

S："Eight!"

全員で楽しむポイント

　写真を一瞬しか見せないことで，子どもたち全員が見逃すまいと一生懸命数えます。ハードルを少し上げておくことで，子どもたちが自然と「もう一度見せて」とつぶやき，楽しみながら何度も数を数えることができます。また，2枚の写真を見ながら，動物の数を数えて，足し算の英語も学ぶことができます。

❷言語材料に合わせてできるゲーム＆アクティビティ

21 足は何本かな
How many legs?

■領域　聞くこと・話すこと［やり取り］　　■学年　中・高学年　　■時間　10分
■英語表現　数を表す表現，動物を表す表現，体の部分を表す表現
■準備物　動物の写真

★ ゲームの概要

　いろいろな動物が載っている写真を見ます。その写真を見た後に，「足は何本あるかな」という動物の体に関する問題を出します。

手順

❶動物の写真を見て，その動物の足の数を数えます。

　動物が載っている写真を見せます。子どもたちは，その動物の足の数を数えて答えます。見せる写真を，足の数の違うもの（例えば，馬，鳥，魚など）にし，いろいろな答えを出せるようにします。

T："What animal is this?"　　　　　　　S："It is a horse."

T："Good. How many legs can you see?"　　S："Four legs."

T："What animal is this?"　　　　　　　S："It is a flamingo."

T："Yes. How many legs can you see?"　　S："One leg."

T："Really? Watch carefully."　　　　　S："Two legs!"

T："What animal is this?"　　　　　　　S："It is an octopus."

T："Good. How many legs can you see?"　　S："Eight legs."

❷動物の写真をいくつか見て，その動物たちの体の部分の合計の数を答えます。

　いろいろな動物の写真を見せます。その後，子どもたちは「足は全部で何本あるかな」や「目は全部でいくつあるかな」といった体の部分に関する問題に答えます。

T："What are these animals?　　　　　　S："A panda, a lion and a cheetah."

T："How many eyes are there in total?"　　S："Six eyes."

全員で楽しむポイント

　写真を見て，そのまま答えられる問題ばかりでなく，例えば，足を片方折り曲げたフラミンゴの写真を用意し，一見足が１本にしか見えないような，子どもたちに考えさせる機会のある写真があると盛り上がります。また，❷のクイズでは，何が後から問題として出されるかわからないので，目や口などいろいろな部分まで注意深く見ることができ，楽しめます。

66

22 なかまを集めよう
Let's be friends.

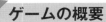

■領域　聞くこと・話すこと［やり取り］　　■学年　全学年　　■時間　15分
■英語表現　数を表す表現，計算を表す表現
■準備物　なし

★ ゲームの概要

　先生に数を尋ね，子どもたちは言われた数になるように，人数を集めます。ちょうどになるように集まったら座ります。

手順

❶お題となる数を尋ねます。

　　先生は，子どもたちにゲーム開始の掛け声をかけます。子どもたちは，先生に何人グループになるかを尋ねます。

　T : "Let's be friends."　　　S : "Let's be friends. How many?"

❷先生の答えを聞いて，その人数になるように集まります。

　　先生の答えを聞いて，子どもたちはその人数になるように人数を集めて，ちょうどになったら座ります。

　T : "Four."

　S : （4人グループをつくり，座ります）

❸❶に戻って繰り返します。

［アレンジ］

　中・高学年であれば，算数なかま集めにもチャレンジしてみてください。1＋3（"One plus three"）や9－4（"Nine minus four"），3×2（"Three times two"），8÷4（"Eight divided by four"）などをお題にして，その答えの人数になるように人数を集めます。子どもたちは考えながら取り組むことができ，おもしろさが増します。

全員で楽しむポイント

　学級の人数で割り切れない人数をお題にしたときに，余った子どもたちを "Come here." や "Join us." と自分のチームに誘う姿を価値付けます。英語を学習しながら，全員が楽しめるように，困っているなかまがいたら手を差し伸べる雰囲気づくりも行っていきます。アレンジで行う，算数なかま集めは少し難しいので，お題を言った後にわかった子どもたちが答えを言いながら，なかまを集め，全員が理解できるようにしていきます。

23 すごろくで遊ぼう
2 言語材料に合わせてできるゲーム＆アクティビティ

すごろくで遊ぼう
Let's play Sugoroku.

■領域　聞くこと・話すこと［やり取り］　　■学年　全学年　　■時間　15分
■英語表現　数を表す表現，既習の表現
■準備物　すごろくシート，サイコロ

ゲームの概要

　いろいろな既習表現を使って，すごろくをします。サイコロを振って，出た目の数だけ進み，ゴールを目指します。

手順

❶じゃんけんをして，順番を決めます。

　　グループごとにすごろくを行います。じゃんけんをして順番を決めます。

　　T："Let's do Rock-Scissors-Paper."　　　S："Rock-Scissors-Paper, 1 2 3."

❷勝った人から順にサイコロを振り，出た目の数だけ進みます。

　　勝った人から順にサイコロを振ります。サイコロの数を答え，出た目の数だけ全員でマス目を数えながら進みます。

　　S1：（サイコロを振ります）

　　S："What number?"　　　　　　　　S1："Five."

　　S："One, two, three, four, five."　　　S1：（5マス進めます）

❸止まったマス目に描かれている絵を英語で言ったり，指示に従ったりします。

　　止まったマス目に描かれている絵を見て，英語で言います。また，指示が書かれているマス目（2マス進む "Move forward two spaces"，2マス戻る "Move back two spaces"，1回休み "Lose a turn"，スタートに戻る "Back to start" など）の場合はその指示に従います。

　　S："What's this?"　　　S1："It's a tiger."

［アレンジ］

　　マス目を，"Food"，"Animal"，"Sport" といったカテゴリーにしておき，そのマス目に止まったら，そのカテゴリーの自分の好きなものを英語で伝える活動にすることもできます。

全員で楽しむポイント

　　グループ全員で尋ねることで，誰もが安心して発話することができます。また，わからないときにはなかまに尋ね，学び合うこともできます。話すことへの負荷を少なくしつつも，全員に何度も発話する機会をつくり，話す楽しみを感じながら取り組める活動にしました。

68

24 いくつ野菜がとれたかな
How many vegetables do you have?

■領域　聞くこと・話すこと［やり取り］　　■学年　中・高学年　　■時間　20分
■英語表現　数を表す表現，野菜を表す表現
■準備物　野菜が複数描かれたぬり絵

 ゲームの概要

　野菜が複数描かれたぬり絵の，自分の好きな野菜に好きな数の分，色を塗ります。いろいろな子どもたちにいくつ野菜がとれたかを尋ね，自分と同じ絵になっている人を見つけます。

手順

❶自分の好きな野菜に好きな数の分，色を塗ります。

　　かごの中に野菜が複数描かれたぬり絵を配ります。そのぬり絵の，自分の好きな野菜に好きな数の分，色を塗ります。

　T ："What vegetable do you like? Let's color your favorite vegetable."

❷自分と同じ数の野菜を持っている人を探します。

　　なかまにいくつ野菜を持っているか尋ね，自分と同じ数の野菜を持っている人を探します。

　S1 ："How many vegetables do you have?"　　　S2 ："I have seven vegetables."

　S2 ："How many vegetables do you have?"　　　S1 ："I have seven vegetables."

❸❷で野菜の数が同じだった場合，詳しい個数を聞きます。

　S1 ："How many tomatoes do you have?"　　S2 ："I have three tomatoes."

　S2 ："How many tomatoes do you have?"　　S1 ："I have three tomatoes."

　S1 ："How many pumpkins do you have?"　　S2 ："I have one pumpkin."

　S2 ："How many pumpkins do you have?"　　S1 ："I have four pumpkins."

　S2 ："Sorry. I have three tomatoes, one pumpkin and three eggplants."

❹他のなかまを見つけて❷，❸をくり返します。

❺最後に，自分と同じ中身のかごを持っていたなかまがいたかどうかを尋ねます。

全員で楽しむポイント

　自分と好みが同じなかまがいるとわかると嬉しいものです。そんななかまを探そうという目的意識をもたせて活動を行うことで，子どもたちは意欲的に活動に取り組みます。始めから長い文を言うことに難しさを感じる子どもたちには，"How many tomatoes?"や"Three tomatoes." と短く区切って，話せるように促します。

25 この影何かな
Let's do the silhoutte quiz.

■領域　聞くこと・話すこと［やり取り］　　■学年　全学年　　■時間　10分
■英語表現　形を表す表現，身近なものを表す表現
■準備物　身近なもののシルエット

★ ゲームの概要

　○・△・□など，いろいろな形をしている身近なもののシルエットを見ます。そのシルエットが何かを当てます。

手順

❶いろいろな形のシルエットを見ます。

　　○・△・□など，いろいろな形をしている身近なもののシルエットを見ます。先生はその形は何かを尋ねます。

＜例＞

・○ → サッカーボール　　・□ → サイコロ

・△ → おにぎり　　・◇ → ひし餅

T："What shape is this?"　　S："It is a circle."

T："That's right."

❷その形のものは何かを当てます。

　その形のものは何かを当てます。子どもたちが答えにたどり着けるよう，先生はヒントを出します。

T："What's this?"　　　　　　　　S："Is it an orange?"

T："Sorry. No, it isn't."　　　　　S："A hint, please."

T："It's a sports goods.　　　　　S："Is it a basketball?"

T："Close! It's black and white."　S："I got it. It's a soccer ball."

T："That's right. Good job."

全員で楽しむポイント

　形を表す表現を取り入れつつ，身近にあるものとつなげてクイズを行うことで，全員が楽しんでクイズに取り組み，英語を聞くことができます。子どもたちがものの英語表現がわからず，日本語で発話したときには，先生が英語に言い換えて伝えます。まず，内容に意識を向け，自分の考えや気持ちを伝えることを大切にしていきます。

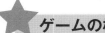

❷言語材料に合わせてできるゲーム＆アクティビティ

26 何ができるかな
What is it going to be?

■領域　聞くこと・話すこと［やり取り］　　■学年　低・中学年　　■時間　15分
■英語表現　形・数・色を表す表現，身近なものを表す表現
■準備物　様々な色のいろいろな形

★ **ゲームの概要**

　いろいろな形を使って，どんなものができるかを考えます。そのときに，形や色，数を子どもたちに尋ね，答えてもらいます。

手順

❶ **様々な色のいろいろ形を見ます。**

　　様々な色のいろいろな形を見ます。先生は，その形や色，数について尋ね，子どもたちと一緒に確認をします。

T："What shapes are these?"　　　　S："Circles and triangles."

T："Great. What color are they?"　　S："Pink circles and yellow triangles."

T："That's right. How many circles and triangles are there?"

S："There are two pink circles and four yellow triangles."

❷ **その形を使って，何ができるか考えます。**

　　その形を使って，何ができるかを考えます。先生は，少しずつ形を動かして，完成に近づけていきます。

T："What are they going to be?"　　　　　　S："I don't know."

T：（2つの三角形を円の左右に近づけていきます）

T："What are they going to be?"　　　　　　S："A hint, please."

T："They are sweet."　　　　　　　　　　　S："Are they candies?"

T："That's right."

T：（2つの三角形を横向きにして円の横に置き，キャンディーになるようにします）

全員で楽しむポイント

　いろいろな色の形と出会いながら，何に見えるかを楽しく考えることができます。先生やなかまの見え方と，自分の見え方を比べながら，多様な見方があるおもしろさを味わいます。活動の中で，同じ形を見ていても，人によって見え方が違うことや違うから伝え合うことが大切だということに気づけるとよいです。

3

聞くこと・話すことの英語ゲーム＆アクティビティ55

27 何を作ろうかな
What should I make?

■領域　聞くこと・話すこと［やり取り・発表］　　■学年　中・高学年　　■時間　20分
■英語表現　形・数・色を表す表現，欲しいものを表す表現
■準備物　様々な色のいろいろな形

 ゲームの概要

　自分が欲しいと思う様々な色のいろいろな形を集めます。その形を使って，動物や果物など自分の好きなものを作ります。

手順

❶形を渡すチームと形をもらうチームに分かれます。

　子どもたちを均等になるように，形を渡すチーム（お店屋さん）と形をもらうチーム（お客さん）に分けます。

　T："Let's go to the shape shop. You are the shopkeepers. You are the customers."

❷欲しい形を集めます。

　形を渡すチームは，欲しい形や色，数を尋ねます。形をもらうチームは，自分の欲しい形や色，数を伝えます。

S1："What shapes do you want?"　　　　S2："I want squares, please."

S1："OK. What color do you want?"　　S2："I want blue squares, please."

S1："How many shapes do you want?"　S2："I want two blue squares, please."

❸役割を交代します。

　T："Please change the roles."

❹集めた形を使って，自分の好きなものを作り，なかまに紹介します。

　全員が形を集め終わったら，集めた形を使って，自分の好きなものを作ります。作ったものをなかまに紹介します。

S1："I use two blue squares and two green triangles. These are houses."

全員で楽しむポイント

　なかまとやり取りをしながら，自分の欲しい形を集めて，好きなものを作ることができるので，誰もが楽しく活動できます。文で伝えることが難しい子どもたちは "Squares, please." と単語で伝えたり，英語が得意な子どもたちは "I want two blue squares, please." と始めから文で伝えたり，個に合わせて発話内容を調節していきます。

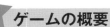

2 言語材料に合わせてできるゲーム＆アクティビティ

28 よく聞いて動いてね
Let's play Simon says game.

■領域　聞くこと・話すこと［やり取り］　■学年　低・中学年　■時間　15分
■英語表現　体の部分を表す表現
■準備物　なし

★ ゲームの概要

実際に体を動かしながら，体の部分の言い方を学んでいきます。船長さんの命令のように，Simon さんが言ったことには従って，そうでないときは動きません。

手順

❶動作の確認をします。

先生が手本を見せながら，子どもたちに英語の指示に従って，動くように伝えます。

T："Touch your head." （と言いながら自分の頭を触ります）

S：（先生の動きを見て，自分の頭を触ります）

❷ゲームのルールを，動きをつけて確認します。

子どもたちがすべての動作をできるようになったら，ゲームのルールを，動きをつけて示します。

T："Simon says, touch your nose." （と言いながら自分の鼻を触ります）

T："Touch your shoulders." （"Simon says," と言っていないので自分の肩は触りません）

❸ゲームを始めます。

子どもたちは，先生が "Simon says," と言った指示にだけ従って動きます。一度練習した後に，本番を行います。本番は立って行い，間違えてしまった子どもたちは座ります。最後まで残っていた子どもたちが勝ちとなります。

T："Stand up." ← "Simon says," と言っていないので，立ってしまったらアウトです。

T："Simon says, stand up." ← 立ちます。

T："Simon says, touch your eyes." ← 目を触ります。

> **全員で楽しむポイント**
>
> 活動を細かく分けて，スモールステップで進めていきます。まずは，指示を聞いて全員が動けるようにします。その後，ルールを実際に行って見せながら示します。ゲームも1回目は練習とし，全員が活動全体を理解してから始めます。子どもたちが引っかかるように工夫して，間違える楽しさを味わいながら，間違いへの抵抗感も減らしていきます。

3

聞くこと・話すことの英語ゲーム＆アクティビティ55

❷言語材料に合わせてできるゲーム＆アクティビティ

29 福笑いをしよう
Let's make a cute face.

■領域　聞くこと・話すこと［やり取り］　　■学年　低・中学年　　■時間　20分
■英語表現　体の部分を表す表現
■準備物　顔の輪郭，顔のパーツの絵

★ ゲームの概要

　目隠しをした状態で，顔のパーツを顔の上にのせていきます。何を持っているか，他の子どもたちに聞きながら，顔を完成させます。

手順

❶ゲームの説明を聞きます。

　ゲームに使う活動を示しながら，活動の流れを話します。顔のパーツを見せながら，顔のパーツの言い方を確認します。

　T ："Let's make a cute face."

　T ："This is a face. But there is no mouth, nose, or eyes."

　T ："What's this? Yes. It is a mouth."（と言って口を見せます）

❷顔を完成させていきます。

　目隠しをして，何もない顔の上に顔のパーツをのせていきます。手にしたパーツは何かを他の子どもたちに尋ねて，ヒントをもらいます。

　S1："What's this?"　　S2："It's a nose."

　S1："What's this?　　S2："It's an eye.

❸完成した顔を見て，感想を言います。

　すべての顔のパーツを置き終わったら，目隠しを外して完成した顔を見ます。完成した顔を見て，感想を言います。

　T ："What a nice face! Do you like this face?"

　S ："Yes. So cute."

全員で楽しむポイント

　子どもたち同士で，顔のパーツを教え合うので，福笑いを行っている子どももそうでない子どもも全員で楽しむことができます。さらに，見ている子どもたちが "Up.", "Down.", "Right.", "Left." と置く位置を伝えるとおもしろいです。始めは学級全体で行い，慣れてきたら，子どもたち同士でペアを作り行います。

30 とどくかな
Let's play Twister game.

■領域　聞くこと・話すこと［やり取り］　　■学年　中・高学年　　■時間　20分
■英語表現　色・左右・体を表す表現
■準備物　様々な色の円が描かれた大きなシート

ゲームの概要

　様々な色の円が描かれた大きなシートを用意します。先生の指示を聞いて，その色の円の上に手や足を置いていきます。ひじやひざがついたら負けです。

手順

❶ペアを作り，ゲームの準備をします。

　　ペアを作り，ペアに1つずつ様々な色の円が描かれたシートを渡します。

　T："Please make pairs. This is your sheet."

❷先生の指示を聞いて，動きます。

　　先生の指示を聞いて，2人ともその色の円の上に手や足を置いていきます。

　T："Put your left hand on a yellow circle."

　S：（左手を黄色の円の上に置きます）

　T："Put your right foot on a green circle."

　S：（右足を緑色の円の上に置きます）

❸先にひじやひざがついた人の負けです。

［アレンジ］

　　高学年であれば，4人グループで行うことができます。2人が指示を出す人になり，2人が指示に従って動きます。指示を出す人は，1人が手足（右手・左手・右足・左足）の指示を出し，もう1人が色（赤・青・黄・緑）の指示を出します。

S1："Put your right hand."　　　　　　　　　S2："On a red circle."
S3・S4：（右手を赤色の円の上に置きます）

全員で楽しむポイント

　この活動では，色や左右，手足についてと様々な情報を聞き取る必要があります。子どもたちに伝わるように，いつも以上にゆっくりと，そして強弱をつけて話します。また，黒板にも同じ4色の円を用意し，"Put your left hand." で左手を上に掲げ，"On a yellow circle." で左手を黄色の円の上に置き，視覚でも動きを伝えます。

3

聞くこと・話すことの英語ゲーム&アクティビティ55

❷言語材料に合わせてできるゲーム＆アクティビティ

31 窓から何が見えるかな
What animal is this?

■領域　聞くこと・話すこと［やり取り］　　■学年　全学年　　■時間　10分
■英語表現　動物を表す表現，色・形を表す表現
■準備物　窓がくり抜かれた家の絵，動物の写真

★ ゲームの概要

　絵の家の窓から動物の写真の一部分を見せます。子どもたちはその写真を見て，家の中にいる動物は何かを当てます。

手順

❶窓から動物の写真を見ます。

　窓から動物の写真の一部分を見せます。先生は，形や色など，子どもたちに何が見えるかを尋ねます。

T："Look at this window."

T："What colors can you see?"　　　　S："Yellow and brown."

T："Good. What shape can you see?"　　S："Circles."

❷その動物は何かを答えます。

　子どもたちは，その動物が何かを答えます。子どもたちがわからないときには，先生がヒントを出します。

T："What animal is this?"　　S："Is it a lion?"

T："Sorry. No, it isn't."　　S："A hint, please."

T："It has a long neck."　　S："Is it a giraffe?"

T："That's right."

❸その動物について，やり取りをします。

　窓から見える動物が答えられたら，その動物について話をします。

T："Do you like giraffes? Do you have a stuffed giraffe?"

全員で楽しむポイント

　活動全体を物語のように見立てて，いろいろな動物の家を窓からのぞいて，何の動物が住んでいるかを当てていきます。少しの工夫ですが，ストーリー性をもたせることで，全員がその話の中に入り，質問に答えることができます。知っている動物も，一部分だけで見ると意外とわからないものです。不完全な写真を用意することで，考えながら取り組むことができます。

❷言語材料に合わせてできるゲーム＆アクティビティ

32 わたしは誰でしょう
Let's play Gesture game.

■領域　聞くこと・話すこと［やり取り］　　■学年　低・中学年　　■時間　20分
■英語表現　動物を表す表現
■準備物　掲示用絵カード

★ ゲームの概要

　いろいろな動物の真似をします。子どもたちは，ジェスチャーを見て，その動物が何かを当てます。

手順

❶先生のジェスチャーを見て，何の動物かを当てます。

　先生がいろいろな動物のジェスチャーをします。子どもたちはそのジェスチャーを見て，何の動物かを当てます。

　T：（どしどしと歩きながら，胸をグーで叩きます）

　S："Are you a gorilla?"　　　T："Yes. I am a gorilla."

❷代表の子どものジェスチャーを見て，ほかの子どもたちは何の動物かを当てます。

　先生がお題を出し，代表の子どもがその動物のジェスチャーをします。ほかの子どもたちは，そのジェスチャーを見て，何の動物かを当てます。

　T：（代表の子どもにお題の絵カードを見せ，伝えます）

　S1：（頭の上に手をのせ，ピョンピョンと跳ねます）

　S："Are you a rabbit?"　　　S1："Yes. I am a rabbit."

［アレンジ］

　この活動をグループ対抗で行います。子ども用絵カードをグループに１つ用意します。グループ内で順番を決め，順にカードに描かれたジェスチャーをします。残りの子どもたちでその動物は何かを当てます。ジェスチャーをする子どもは当ててもらうまで続けます。１番早くすべての動物を当てられたグループの勝ちです。

▐ 全員で楽しむポイント

　言葉で伝わらなくても，表情や身振り手振りで伝えられることはたくさんあります。この活動では，ジェスチャーを存分に活用し，相手に伝えます。自分の考えや気持ちが伝わらないときにどうしたら伝わるかを考えたり，相手が伝えたいことを読み取ろうとしたり，相手意識をもって活動することが大切です。

❷言語材料に合わせてできるゲーム＆アクティビティ

33 何の動物かな
Let's do the 3 hints quiz.

■領域　聞くこと・話すこと［やり取り］　　■学年　中・高学年　　■時間　20分
■英語表現　動物を表す表現，色・大きさなど様子を表す表現
■準備物　なし

★ ゲームの概要

　ある動物の色や大きさなどの様子を基に３ヒントを作ります。３ヒントを聞いて，その動物が何かを当てます。

手順

❶先生の３ヒントを聞いて，その動物が何かを当てます。

　先生は，ある動物の特徴を３ヒントで伝えます。子どもたちは，そのヒントを聞いて，何の動物かを当てます。

T："It is small. It is white. It has long ears."　　S："Is it a rabbit?"

T："That's right."

❷子どもたち同士で３ヒントクイズを行います。

　子どもたちも好きな動物を決め，３ヒントを考えます。３ヒントを伝えて，自分の考えた動物を当ててもらいます。

S1："It is big. It is gray. It has a long nose."　　S2："Is it an elephant?"

S1："Great. I like elephants."

［アレンジ］

　高学年であれば，この体の特徴に加えて，その動物のできることについてヒントを出すこともできます。例えば，"It is brown. It has nice hair. It can run fast."（答えは"Horse"）というヒントが出せます。

　中学年であれば，次のように活動することもできます。４人程度のグループを作り，３ヒントを考えて順に出題します。学級全員で答えます。

全員で楽しむポイント

　ヒントを伝えるときに，身振り手振りを用いて話します。まだ習っていない表現も，ジェスチャーや前後の単語から推測して聞くことができます。始めから，文で話すことを強制せず，"Big. Gray. Long nose."と単語のみでも，伝えたいという思いをもち，何とか伝えようとする姿を価値付けていきます。

❷言語材料に合わせてできるゲーム＆アクティビティ

34 楽しい動物園を作ろう
Let's make a fun zoo!

■領域　聞くこと・話すこと [やり取り・発表]　　■学年　中・高学年　　■時間　20分
■英語表現　動物を表す表現，欲しいものを表す表現，数を表す表現
■準備物　動物園の地図，動物のイラスト

★ ゲームの概要

　欲しい動物を伝えて，オリジナルの楽しい動物園を作ります。動物を集めたら，動物園の地図の上に配置していきます。最後に，完成した動物園を紹介します。

手順

❶動物を渡すチームと飼育員さんチームに分かれます。

　オリジナルの楽しい動物園を作るという目的を伝えます。子どもたちを均等になるように，動物を渡すチームと飼育員さんチームに分けます。

　T ："Let's make a fun zoo. You are the shopkeepers. You are the zookeepers."

❷自分の動物園に来てほしい動物を集めます。

　動物を渡すチームは，欲しい動物や数を尋ねます。飼育員さんチームは，自分の動物園に来てほしい動物や数を伝えます。

S1 ："What animal do you want?"　　　　S2 ："I want bears, please."

S1 ："OK. How many bears do you want?"　　S2 ："I want three bears, please."

S1 ："Anything else?"　　　　　　　　　S2 ："I want two pandas, please."

❸役割を交代します。

　T ："Please change the roles."

❹集めた動物を地図の上に配置し，自分の動物園をなかまに紹介します。

　全員が自分の動物園に来てほしい動物を集め終わったら，集めた動物を自分の動物園の中に配置していきます。完成した動物園をなかまに紹介します。

S1 ："This is my fun zoo. I have pandas, penguins and lions. My favorite animal is pandas."

全員で楽しむポイント

　実際に動物園の地図やイラストを使って行うことで，やり取りを楽しみながら活動ができます。全員が同じ地図，そして動物のイラストを用いて行っても，完成する動物園は同じものは1つもありません。1人1人にそうした理由があるので，最後に完成した動物園を紹介するとき，簡単な英語で理由が話せるとおもしろいです。

❷言語材料に合わせてできるゲーム＆アクティビティ

35 何の果物かな
What fruit is this?

■領域　聞くこと・話すこと［やり取り］　　■学年　全学年　　■時間　10分
■英語表現　果物を表す表現
■準備物　果物の写真

★ ゲームの概要

　果物の写真を白黒にしたり，一部を拡大したりし，いろいろな方法で見せます。その写真を見て，子どもたちは何の果物かを当てます。

手順

❶果物の写真をいろいろな方法で見せます。

　果物の写真をいろいろな方法で見せ，子どもたちに見える写真について質問をします。

＜例＞

・白黒写真にする……形から想像して果物を当てます。

・一部を拡大する……見える色や形をヒントに果物を当てます。

・写真を徐々に見せる……見える部分から想像して，果物を当てます。

T："Please watch carefully."

T："What color is it?"　　　　S："It's red."

T："What shape is it?"　　　　S："It's a circle."

❷その果物は何かを答えます。

　子どもたちは，その果物が何かを答えます。

T："What fruit is this?"　　S："Is it a cherry?"

T："No. Watch again."　　S："Oh! It's an apple."

T："Great."

❸その果物について，やり取りをします。

　果物が何か答えられたら，その果物について話をします。

T："Do you like apples? Can you cook apple pie?"

> **全員で楽しむポイント**
>
> 　同じ写真も，見せ方次第で子どもたちの興味を引くことができます。子どもたちが思わず答えたくなるような見せ方をすることで，誰もがいち早く答えようと活動に参加することができます。最後に全体像を見せることで，いろいろな見方のおもしろさも味わえます。

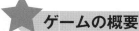

36

増えるとどうなるかな
Let's learn plural from.

■領域　聞くこと・話すこと［やり取り］　　■学年　中・高学年　　■時間　10分
■英語表現　果物を表す表現，数を表す表現，動物を表す表現
■準備物　単数・複数の果物の写真

★ **ゲームの概要**

　単数の果物に，動物たちが持ってきた同じ果物を加え，単数形と複数形の言い方を聞きます。いろいろな果物で単数形と複数形を聞き，その違いに気づかせていきます。

手順

❶**1つのある果物の写真を見ます。**

　　1つのある果物の写真を見せます。子どもたちとその果物の名前や数を確かめます。

T："What fruit is this?"　　　　　　　　　　　　　S："It's a banana."

T："Yes. It's a banana."（と言って指を1本出して，1つということを強調します）

T：（そのバナナをかごの中に入れます）

❷**同じ果物を付け加えます。**

　　1つの果物の中に同じ果物を加えます。子どもたちと数と言い方を確認します。

T："Look! Monkeys give us bananas."

T："How many bananas are there in the basket?"　　S："Five."

T："Yes. There are five bananas."

Monkeys："How many bananas do you want?"

❸**いろいろな果物で❶❷のやり取りを繰り返します。**

❹**単数・複数の果物の単語の言い方を確認します。**

　　5つ程度の果物を上記の方法で確認できたら，単数・複数の果物の単語を子どもたちに言ってもらいます。

T："This is one?"　　　　　　　　　　　　　　　　S："Lemon."

T："These are three?"　　　　　　　　　　　　　　S："Lemons."

┌─ **全員で楽しむポイント** ──────────────────────────┐

　動物たちがいろいろな果物をくれるというシチュエーションで，複数形という日本語の概念にはあまりない，英語ならではの特徴をわかりやすく伝えていきます。何度も同じパターンで繰り返し扱うことで，単数・複数の言い方の違いに気づかせていきます。

└──────────────────────────────────────┘

❷言語材料に合わせてできるゲーム＆アクティビティ

37 パフェを作ろう
Let's make delicious parfait.

■領域　聞くこと・話すこと［やり取り］　　■学年　中・高学年　　■時間　20分
■英語表現　果物を表す表現，数を表す表現，好きなものや欲しいものを表す表現
■準備物　パフェのカップ，果物のイラスト

★ ゲームの概要

　自分の好きな果物をなかまに伝え，好きな果物たっぷりのパフェを作ってもらいます。作る人は，なかまの好みを聞きながら，なかまのためにパフェを作ります。

手順

❶パフェを作るチームと注文するチームに分かれます。

　子どもたちを均等になるように，パフェを作るチーム（お店屋さん）と注文するチーム（お客さん）に分けます。

　T："Let's make delicious parfait. You are the shopkeepers. You are the customers."

❷好きな果物を尋ねます。

　パフェを作るチームは，お客さんに好きな果物や欲しい数を尋ねます。注文するチームは自分の好きな果物や欲しい数を伝えます。

S1："Hello. What fruit do you like?"

S2："I like grapes."

S1："OK. I use grapes. How many grapes do you want?"

S2："I want five grapes, please."

S1："Sure. Anything else?"

❸完成したパフェを渡します。

　やり取りをしてパフェが完成したら，お客さんにパフェを渡します。

S1："Here you are."　　S2："Wow. It looks yummy. Thank you."

❹役割を交代します。

全員で楽しむポイント

　この活動は，なかまの好みを聞いてなかまのためにパフェを作るという活動です。相手に好みを聞く必然性が生まれ，活動に意欲的に取り組むことができます。活動の中で，"like" と "want" が混在しているので，子どもたちの実態に応じて，"want" に統一して活動を行ってもよいです。

82

38 ごはんをとどけよう
Let's feed animals.

■領域　聞くこと・話すこと［やり取り］　　■学年　中・高学年　　■時間　20分
■英語表現　数・動物・果物・食べ物を表す表現，欲しいものを表す表現
■準備物　動物のカード，食べ物のカード

⭐ ゲームの概要

　動物チームと飼育員さんチームに分かれて活動を行います。動物に欲しい食べ物を尋ねて，その食べ物を届ける活動です。

手順

❶動物チームと飼育員さんチームに分かれます。

　子どもたちを動物チームと飼育員さんチームに分けます。動物チームにはいろいろな動物のカードを，飼育員さんチームにはいろいろな食べ物のカードを渡します。

　T　："Let's feed animals. You are the animals. You are the zookeepers."

❷欲しい食べ物を尋ねます。

　飼育員さんチームは，動物チームに動物の種類や欲しい食べ物を尋ねます。動物チームは動物の種類や欲しい食べ物を伝えます。たくさんの動物に食べ物を届けていきます。

S1："Hello. Who are you?"　　　　S2："I'm an elephant."

S1："OK. What do you want?"　　 S2："I want seven apples, please."

S1："Sure. Here you are."

S1・S2：（食べ物カードを動物チームに渡し，ペアを作ります）

S3："Hello. Who are you?"　　　　S4："I'm a monkey."

S3："I see. What do you want?"　 S4："I want two bananas, please."

S3："I'm sorry. I don't have bananas. I have only carrots. See you."

S3・S4：（ペアにならなかったので，別の相手を探します）

❸役割を交代します。

全員で楽しむポイント

　動物カードに欲しい食べ物のイラストも添えておきます。イラストを見て，ヒントにしながら会話することができます。欲しい食べ物を2種類にしておき，どちらかを持っている飼育員さんを見つけるという活動にアレンジし，たくさんのペアができあがるようにしてもよいです。いろいろな英語表現を交えて，楽しく活動していきます。

❷言語材料に合わせてできるゲーム＆アクティビティ

39 何の音かな
What is that sound?

■領域　聞くこと・話すこと［やり取り］　　■学年　全学年　　■時間　10分
■英語表現　乗り物を表す表現
■準備物　いろいろな乗り物の音，乗り物の写真

★ ゲームの概要

　生活の中で聞いたことがある，いろいろな乗り物の音を聞きます。その音を聞いて，何の乗り物の音かを当てます。

手順

❶いろいろな乗り物の音を聞いて，何の乗り物の音かを当てます。

　いろいろな乗り物の音を用意し，子どもたちに聞かせます。子どもたちは，音を聞いて，何の乗り物の音かを当てます。

T："What is that sound? Listen carefully."（電車の音を流します）

S："The sound of the train."

T："That's right."

❷その乗り物について会話をします。

　お題となった乗り物の写真を見せながら，その乗り物が好きかや乗ったことがあるかなどの会話をします。

T："Do you like train?"　　　　S："Yes, I do."

T："Have you ever ridden a train?"　　S："Yes."

T："Where did you go?"　　　　S："I went to Nagoya."

［アレンジ］

　乗り物の名前の導入時や低学年向けに，４択クイズにすることもできます。音を聞く前に４つの乗り物を紹介し，その中のどの音かを当てます。

T："A car, a bus, a train or a shinkansen. Which is that sound?"

全員で楽しむポイント

　生活の中で聞いたことのある音から，乗り物を当てる活動です。誰もが一度は聞いたことある乗り物からクイズを出します。当てた後の会話を楽しめるように，既習表現でない表現もジェスチャーや先生の体験談から意味を想像させ，聞かせていきます。始めはわからない子どもたちも，周りの子どもたちの反応から意味を掴み，参加することができるようにします。

40 何の乗り物かな
What vehicle is this?

■領域　聞くこと・話すこと［やり取り・発表］　　■学年　低・中学年　　■時間　20分
■英語表現　乗り物を表す表現
■準備物　8ピース程度に分けた掲示用絵カード

 ## ゲームの概要

　乗り物の絵カードを8ピース程度に分け，パズルを作ります。子どもたちはそのパズルに取り組み，完成した乗り物を紹介します。

手順

❶乗り物のパズルに取り組みます。

　掲示用絵カードを8ピース程度に分け，パズルを用意します。子どもたちに1セットずつ配り，乗り物のパズルに取り組んでもらいます。

　T ："Are you ready? Get set, go!"
　S ：（パズルが完成したら）"I've done it."

❷完成した乗り物を紹介します。

　全員が完成したら，完成した乗り物をグループの中で紹介します。

　S1："This is an ambulance."
　S ："Great. Do you like it?"
　S1："Yes, I do."

❸完成したパズルを混ぜて，次の人に渡し，❶に戻って新しいパズルに取り組みます。

［アレンジ］

　この活動を子どもたちが描いた絵を用いて行います。"What is your favorite vehicle?" と会話した後に，自分の好きな乗り物の絵を描きます。その後8ピース程度に切り分け，オリジナルのパズルを作ります。子どもたち同士で交換し合い，自分が作ったパズルを使って活動することができます。図画工作科の時間に作った作品を活用してもよいです。

全員で楽しむポイント

　掲示用絵カードと同じイラストの物を使ってパズルを作ることで，パズルが苦手な子どもたちも，ピースの一部から何ができそうかを考え，完成図をイメージしながらパズルに取り組むことができます。また，アレンジで紹介したように，子どもたちで作ったパズルを活用すると自分の作品でなかまが楽しんでくれていることを感じ，自己有用感につながります。

41 宝探しに行こう
Let's do a treasure hunt!

■領域 聞くこと・話すこと［やり取り］　　■学年 中・高学年　　■時間 20分
■英語表現 乗り物を表す表現，持っているものを表す表現，欲しいものを表す表現
■準備物 宝探しの地図，お助け乗り物カード

★ ゲームの概要

　宝探しの地図を見て，宝までたどり着く活動です。冒険家チームの人は，お助けマンチームの人から必要な乗り物のカードをもらって宝のもとに進んできます。

手順

❶冒険家チームとお助けマンチームに分かれます。

　子どもたちを冒険家チームとお助けマンチームに分けます。冒険家チームには宝探しの地図を，お助けマンチームにはいろいろな乗り物のカードを渡します。

　T："Let's do a treasure hunt. You are the treasure hunters. You are the supporters."

❷宝の場所までたどり着くために必要な乗り物を集めます。

　冒険家チームは，お助けマンチームに欲しい乗り物を伝えます。お助けマンチームは，冒険家チームの話を聞いて答えます。

S1："Excuse me, could you help me?"　　S2："Sure."

S1："Do you have a plane?"　　S2："Yes, I do. Do you want it?"

S1："Yes. Thank you."

S2：（飛行機カードをS1に渡します）

S3："Excuse me, could you help me?"　　S4："Of course."

S3："Thank you. Do you have a ship?"　　S4："I'm sorry. I don't have it."

S3："OK. Thank you."

S3・S4：（もらえなかったので，別の相手を探します）

❸役割を交代します。

全員で楽しむポイント

　海を船で渡ったり，遠くの大陸に飛行機で飛んで行ったり，いろいろな乗り物を使って宝のところまでたどり着きます。この活動の中で使う "Could you help me?" という表現は，この活動以外の授業中でも使えます。いつでも自分が困ったときに，誰かに助けを求められるような雰囲気づくりをしていきます。

②言語材料に合わせてできるゲーム＆アクティビティ

42 これは何かな
What is this?

■領域　聞くこと・話すこと［やり取り］　　■学年　全学年　　■時間　10分
■英語表現　文房具を表す表現，これは何かと尋ねる表現
■準備物　いろいろなおもしろい文房具の写真

 ゲームの概要

　文房具屋さんには，一見何か分からないおもしろい文房具がたくさんあります。その写真を用意して，それは何の文房具かを考えて，当てる活動です。

手順

❶おもしろい文房具の写真を見ます。

　おもしろい文房具の写真を見せ，子どもたちに何に見えるか質問をします。

＜例＞

・おにぎりやお味噌汁みたいな消しゴム　　・ウサギみたいなハサミ

・お菓子みたいな鉛筆　　　　　　　　　　・調味料みたいなペン

・黒板消しみたいな筆箱

T："Look at this picture."

T："What is this?"　　　　　　　　S："It's a rice ball."

T："Really? You can't eat it."　　S："It's a circle."

❷その文房具は何かを答えます。

　子どもたちは，その文房具が何かを答えます。

T："Really? You can't eat it."　　　　　　S："Well…"

T："It's small. You have it in your pen case."　　S："I got it. It's an eraser."

T："That's right."

❸その文房具について，やり取りをします。

　その写真が何か答えられたら，その文房具について話をします。

T："It's a unique eraser. Do you want it?"

全員で楽しむポイント

　世の中には一見何だかわからないおもしろい文房具がたくさんあります。そんな文房具を題材にすることで，子どもたちも興味をもって取り組むことができます。実物を持ってきて，実物を見せながら行ってもおもしろいです。

3 聞くこと・話すことの英語ゲーム＆アクティビティ55

43 文房具セットを作ろう
Let's make a stationery set.

■領域　聞くこと・話すこと［やり取り・発表］　　■学年　低・中学年　　■時間　25分
■英語表現　色・数・文房具を表す表現，欲しいものを表す表現
■準備物　空の箱，文房具のイラスト

 ゲームの概要

　自分が欲しいと思ういろいろな文房具を集めます。その文房具を使って，オリジナルの文房具セットを作ります。

手順

❶**文房具を渡すチームと文房具をもらうチームに分かれます。**

　子どもたちを均等になるように，文房具を渡すチーム（お店屋さん）と文房具をもらうチーム（お客さん）に分けます。

　T："Let's go to the stationery shop. You are the shopkeepers. You are the customers."

❷**欲しい文房具を集めます。**

　文房具を渡すチームは，欲しい文房具や色，数を尋ねます。文房具をもらうチームは，自分の欲しい文房具や色，数を伝えます。

S1："What stationery do you want?"　　　S2："I want pencils, please."

S1："OK. What color do you want?"　　　S2："I want green pencils, please."

S1："How many pencils do you want?"　　S2："I want two green pencils, please."

❸**役割を交代します。**

　T："Please change the roles."

❹**集めた文房具を使って，オリジナルの文房具セットを作り，なかまに紹介します。**

　全員が文房具を集め終わったら，集めた文房具を使って，オリジナルの文房具セットを作ります。作った文房具セットをなかまに紹介します。

S1："This is my stationery set. I have two green pencils, a red eraser and a yellow pen."

全員で楽しむポイント

　いろいろな活動で繰り返し，欲しいものを尋ねる表現や，色・数を表す表現に触れていきます。始めは難しいと感じる子どもたちも，何度も触れていくことで，表現に慣れていきます。また，実際に物を用いてやり取りをすることで，表現と意味とが結び付き，子どもたちの理解を促していきます。

44 忘れ物はないかな
Do you have everything?

■領域　聞くこと・話すこと［やり取り］　　■学年　中・高学年　　■時間　25分
■英語表現　文房具・教科を表す表現，欲しいものを表す表現，持っているものを表す表現
■準備物　予定表，リュック，文房具や教科書

★ ゲームの概要

　次の日の予定を見て，必要なものを伝え，明日の準備をします。準備ができたら，持ち物がそろっているか確かめます。

手順

❶明日の予定を確認します。

　　ペアを作り，2人で予定表を確認します。

　S："We have math, science, arts and crafts, English and P.E."

❷必要な文房具や教科書を集めます。

　　ペアのうち，1人は必要な文房具や教科書を尋ねます。もう1人は，予定に合わせて欲しいものを伝えます。

S1："What do you want?"　　　　　　　　S2："I want textbooks, please."

S1："OK. What subjects do you want?"

S2："I want math, science, arts and crafts and English textbooks, please."

S1："Here you are. Anything else?"

❸持ち物の確認をします。

　　予定表の紙の裏に書かれている持ち物欄を見て，すべてあるか確認します。

S1："Do you have everything? What do you have?"

S2："I have four textbooks, three notebooks, a pencil case, and P.E. clothes."

S1："Perfect!"

❹役割を交代します。

全員で楽しむポイント

　始めのうちは，全員で同じ予定を見て，先生も一緒に持ち物を準備します。また，ペアで活動するときに，"One more thing." とヒント出したり "Is this OK?" と確認し合ったりしながら行います。活動が正しくできるかどうかも大切ですが，助け合ってできるようになっていく楽しさを一緒に味わえるとよいです。

45 何の野菜かな
What vegetable is this?

■領域　聞くこと・話すこと［やり取り］　　■学年　全学年　　■時間　10分
■英語表現　色・野菜を表す表現
■準備物　野菜のスタンプ，野菜の写真

 ゲームの概要

　いろいろな野菜スタンプを見て，その野菜が何かを当てます。また，正解したら，その野菜の色について尋ね，いろいろな野菜があることを知っていきます。

手順

❶野菜スタンプのあとを見ます。

　野菜スタンプのあとを子どもたちに見せます。どんな形が見えるか話します。

T："What shape can you see?"　　S："I can see a circle."

❷その野菜は何かを答えます。

　子どもたちはその野菜が何かを答えます。

T："What vegetable is this?"　　S："A hint, please."

T："It's long."　　S："Oh! Is it a Japanese radish?"

❸その野菜の色について話をします。

　その野菜の色は何色かを尋ねます。子どもたちが知っている一般的な色以外にも，いろいろな色の野菜を紹介していきます。

＜例＞意外な野菜の色

・ピーマン → 赤　　　・トマト → 茶

・トウモロコシ → 白　　・ニンジン → 紫

T："What color is a Japanese radish?"　　S："White."

T："Good. Anything else?"　　S："Sorry. I don't know."

T："Look at this picture. What color is a Japanese radish?

S："Wow! It's a purple Japanese radish. I want to eat it."

全員で楽しむポイント

　いつも食べている野菜でも見方を変えると，全く違ったものに見えます。色についても，当たり前だと思っている見方とは違う見方ができると世界が広がります。英語を通していろいろな見方に出会う楽しさを味わっていきます。

46 サラダを作ろう
Let's make delicious salad.

■領域　聞くこと・話すこと［やり取り・発表］　　■学年　低・中学年　　■時間　25分
■英語表現　数・野菜を表す表現，欲しいものを表す表現，数を表す表現
■準備物　お皿，野菜のスタンプ

★ **ゲームの概要**

　サラダに使いたい欲しい野菜を伝えて，いろいろな野菜をお皿の上にのせてもらいます。たくさんの野菜を集めて，自分の好きな野菜でオリジナルサラダを作ります。

手順

❶野菜を渡すチームと野菜をもらうチームに分かれます。

　子どもたちを均等になるように，野菜を渡すチーム（お店屋さん）と野菜をもらうチーム（お客さん）に分けます。

T："Let's go to the vegetable shop. You are the shopkeepers. You are the customers."

❷欲しい野菜を集めます。

　野菜を渡すチームは，欲しい野菜や数を尋ねます。野菜をもらうチームは，自分の欲しい野菜や数を伝えます。野菜を渡すチームの人は，注文を聞いて野菜をもらうチームの人のお皿に野菜のスタンプを押します。

S1："What vegetable do you want?"　　S2："I want carrots, please."

S1："How many carrots do you want?"　　S2："I want two carrots, please."

S1："OK. Anything else?"

❸役割を交代します。

T："Please change the roles."

❹完成したサラダを，なかまに紹介します。

　全員が終わったら，作ったものをなかまに紹介します。

S1："This is my delicious salad. I like carrots, onions and lettuces."

全員で楽しむポイント

　始めは，"What vegetable do you want?" など少し長い表現を "What vegetable?" と短く区切って話してもよいです。いろいろな野菜に触れながら，英語で話すことを楽しみます。また自分の好きな野菜でサラダを作るので，なかまとそのサラダを見て "It looks yummy." や "I like it." と感想を伝えて，楽しむこともできます。

47

おいしいごはんを作ろう
Let's make delicious dinner.

■領域　聞くこと・話すこと［やり取り］　　■学年　中・高学年　　■時間　25分
■英語表現　数・野菜・食材を表す表現，必要なものを表す表現，欲しいものを表す表現
■準備物　レシピ，食材のカード

★ ゲームの概要

　レシピを見て，その料理に必要な材料を，材料を持っている人からもらって集めます。すべての材料がそろったら，準備完了です。

手順

❶**食材を届けるチームと料理人さんチームに分かれます。**

　子どもたちを，食材を届けるチームと料理人さんチームに分けます。食材を届けるチームにはいろいろな食材のカードを，料理人さんチームにはレシピを渡します。

　T："Let's make delicious dinner. You are the shopkeepers. You are the cooks."

❷**必要な食材を集めます。**

　食材を届けるチームは，料理人さんチームに食材を尋ねます。料理人さんチームは，必要な食材を伝えます。たくさんのレシピの材料を集めていきます。

S1："Hello. What do you need?"　　　　　　S2："I need cabbages."

S1："OK. How many cabbages do you want?"　　S2："I want two cabbages, please."

S1："Sure. Here you are."

S1：（食材カードを料理人さんチームに渡します）

S3："Hello. What do you need?"

S3："I'm sorry. I don't have it."　　　　　　S4："I need cheese."

　　　　　　　　　　　　　　　　　　　　S4："I see. Thank you."

❸**いろいろな食材が集まったら，新しいレシピの食材を集めます。**

S5："I'm ready. Let's make soup."

❹**役割を交代します。**

全員で楽しむポイント

　レシピを見ながら，必要な食材を集めていきます。料理を作るという目的をもって取り組むことで，やり取りが活性化します。始めは，先生が料理人さん，子どもたちが食材を届ける役になり，流れを示してから行うとよいです。料理名を伝えずに，その材料を使ってなにができるかを "What can you cook?" と話しながら考えることもできます。

48

❸ 季節・行事に合わせてできるゲーム&アクティビティ

ありがとうを伝えよう
Say thank you.

■領域　聞くこと・話すこと [やり取り]　■学年　全学年　■時間　25分
■英語表現　色・花・数を表す表現，欲しいものを表す表現
■準備物　様々な色のいろいろな花のイラスト

⭐ ゲームの概要

　家族やなかま，先生へ感謝を伝える活動です。様々な色のいろいろな花を集めて，Thank you カードを作ります。

手順

❶行事についての話を聞きます。

　子どもたちに月名を尋ねて，月の行事についての話をします。

T："What is the month today?"　　　　S："It's Octorber."

T："Yes! My birthday is in Octorber."　　S："Wow!!"

T：I got many "Thank you card" last year. Today let's make a "Thank you card" for your family, friends or teachers!

❷花を渡すチームと花を集めるチームに分かれます。

　花を渡すチーム（お店屋さん）と花を集めるチーム（お客さん）に分けます。

T："Let's go to the flower shop. You are the shopkeepers. You are the customers."

❸欲しい花を集めます。

　花を渡すチームは，欲しい花や色，数を尋ねます。花を集めるチームは，自分の欲しい花や色，数を伝えます。

S1："What flower do you want?"　　　　S2："I want carnations, please."

S1："OK. What color do you want?"　　　S2："I want white carnations, please."

S1："How many carnations do you want?"　S2："I want two white carnations, please."

S1："Here you are. Anything else?"

❹役割を交代します。

❺集めた花を使って，Thank you card を作ります。

> **全員で楽しむポイント**
>
> 　この授業で作ったカードを実際に相手に渡すことができるので，子どもたちは意欲をもって楽しく活動することができます。子どもたちと折り紙で花を作って，その花を使って活動をすると，全部自分たちで作るカードになるのでより盛り上がります。

3

聞くこと・話すことの英語ゲーム&アクティビティ55

49 七夕かざりを作ろう
Let's make paper ornaments.

■領域　聞くこと　　■学年　全学年　　■時間　20分
■英語表現　色を表す表現，動作を表す表現，好きな色を表す表現
■準備物　折り紙

 ゲームの概要

　折り紙を使って，七夕飾りを作ります。英語で指示を聞いて，折り紙を折ったり切ったりしながらいろいろな飾りを作ります。

手順（提灯を作る場合）

❶活動についての話を聞きます。

　　行事についての話をしながら，活動内容を説明します。

　T："We have Star Festival this week. Let's make paper ornaments for Star Festival."

❷好きな色の折り紙をもらいます。

　　子どもたちに好きな色を聞いて，その色の折り紙を渡します。

　T："What color do you like?"　　　S："I like light blue."

　T："OK. Here you are."

❸飾りを作ります。

　1 半分に折ります。

　T："Fold in half."

　2 ハサミでカットします。

　T："Cut into 1cm lengths."

　3 広げて，丸めます。

　T："Open and roll up the paper."

　4 のりで貼ります。

　T："Put some glue."

全員で楽しむポイント

　子どもたちにとって，英語を聞きながらその英語だけを頼りに活動するのは負荷が大きいです。そこで，先生は前で大きな画用紙などを使い，子どもたちに示しながら行います。難しい表現も，動作をつけながら聞かせることで，子どもたちは抵抗なく聞くことができます。いろいろな体験をしながら，英語を聞く機会を増やしていきます。

50 すいか割りをしよう
Let's do Suikawari.

■領域　聞くこと・話すこと［やり取り］　　■学年　中・高学年　　■時間　25分
■英語表現　方向を表す表現
■準備物　スイカ型のビーチボール，棒，目隠し

★ ゲームの概要

　代表の子どもが目隠しをして，すいか割りに挑戦します。見ている子どもたちがどちらに進むとよいか指示を出し，すいかに棒が当たったら成功です。

手順

❶すいか割りをする代表の子どもを決めます。

　活動について話し，すいか割りをする代表の子どもを決めます。

T："Let's do Suikawari. Do you want to try it?"

❷すいか割りをします。

　代表の子どもは，目隠しをして棒を持ちます。見ている子どもたちは，どちらに進むとよいか指示を出します。

T："Please close your eyes."　　S1：（目隠しをして，棒を持ちます）

T："Spin around."　　　　　　　S1：（ぐるぐる回ります）

T："Stop. Let's start."

S："Go straight.", "Move right.", "Move left", "Stop."（と指示を出します）

S1：（指示を聞いて動き，棒ですいか型のボールを叩きます）

❸❶に戻って繰り返します。

［アレンジ］

　この活動を，グループ対抗で行います。グループで代表の子どもを決め，他のメンバーで位置を伝えます。グループの子どもたちの指示を聞き，棒がボールに当たったら，1ポイントです。何度も繰り返し，より多くのポイントを獲得したグループの勝ちです。

全員で楽しむポイント

　"Right.", "Left" という方向を表す表現は身近ではありますが，なかなか定着しづらいです。この活動を通して何度も聞かせることで，表現と動きを合わせて定着を図っていきます。また，"Suikawari" は日本特有の行事です。英語の中で，そのままの表現が出てくることで，日本の文化らしさにも気づけるとよいです。

51 ハロウィンを楽しもう
Let's enjoy Halloween.

■領域　聞くこと・話すこと［やり取り］　　■学年　全学年　　■時間　35分
■英語表現　ハロウィンに関する表現
■準備物　ジャックオーランタン，掲示用絵カード

★ ゲームの概要

　ジャックオーランタンの目や口の穴からハロウィンに関する絵カードを見て，それは何かを当てます。全部の単語が出そろったら，３ヒントクイズを行います。

手順

❶ジャックオーランタンについての話を聞きます。

　　ジャックオーランタンを見せながら，ハロウィンのモンスターであることを伝えます。

　T："Look at this monster. Do you know it?"　　　S："I don't know."

　T："This is Jack-o'-Lantern. It's a Halloween monster."

❷ジャックオーランタンの目や口から見えるものは何かを当てます。

　　ジャックオーランタンの後ろに，いろいろなハロウィンの絵カードを隠します。子どもたちは，ジャックオーランタンの目や口から見える絵をヒントにして，絵カードに描かれている単語を当てます。

　T："Please watch this. What can you see?"　　　S："A hint, please."

　T："OK."（と言って後ろの絵カードを動かし，いろいろな部分を見せます）

　T："What is it?"　　　　　　　　　　　　　　S："Is it a witch?"

　T："Yes. It is a witch."

❸３ヒントクイズを行います。

　　先生は，ハロウィンに関する単語の特徴を３ヒントで伝えます。子どもたちは，そのヒントを聞いて，何かを当てます。

　T："It is orange. It is sweet. It is a vegetable."　　S："Is it a pumpkin?"

　T："That's right."

全員で楽しむポイント

　一部の特徴をもとにその単語を当てる活動なので，想像を膨らませながらいろいろな答えを出して活動できます。子どもたちが答えるときに，いつも同じ子どもが答えてしまわないように，時々，つぶやきが少ない子どもたちを指名して，全員が参加できるようにします。

52 サンタさんに変身しよう
Let's dress up as Santa Claus.

■領域　聞くこと・話すこと [やり取り]　　■学年　全学年　　■時間　35分
■英語表現　服装を表す表現，色を表す表現，欲しいものを表す表現
■準備物　サンタさんの写真，サンタさんの服

 ゲームの概要

　世界のサンタさんの写真を見て，いろいろなサンタさんがいることに気づきます。自分の好きな服を選んで，おしゃれなサンタさんに変身していきます。

手順

❶世界のいろいろなサンタさんの写真を見ます。

　世界のいろいろなサンタさんの写真を見ます。日本で一般的な赤い服を着て帽子をかぶったひげの生えたサンタさん以外にも，緑色や青色，半袖などいろいろな服を着たサンタさんがいることに気づかせて，活動へ移ります。

　T："Look at this picture. What color of clothes does he wear?"

❷服を渡すチームと服をもらうチームに分かれます。

　服を渡すチーム（お店屋さん）と服をもらうチーム（お客さん）に分けます。

　T："Let's dress up as Santa Claus. You are the shopkeepers. You are the customers."

❸欲しい服を集めます。

　服を渡すチームは，欲しい服や色を尋ねます。服をもらうチームは，自分の欲しい形や色，数を伝えます。

S1："What do you want?"　　　　　　S2："I want a jacket, please."

S1："OK. What color do you want?"　　S2："I want a green jacket, please."

S1："Here you are."　　　　　　　　S2："Thank you."

❹役割を交代します。

❺全員が完成したらサンタさんを見せ合います。

　T："Show me your Santa Claus."

> **全員で楽しむポイント**
>
> 　世界にはいろいろなサンタさんがいます。それぞれに特徴があるので，その特徴も簡単に紹介できると異文化理解が深まります。自分たちも自分の好きな色や服を集めて，オリジナルのサンタさんが作れるので，全員で楽しく活動できます。

53 お正月はどうだったかな
How was your New Year holiday?

■領域 聞くこと　■学年 全学年　■時間 25分
■英語表現 お正月に関する表現，動作を表す表現
■準備物 お正月に関する写真

★ ゲームの概要

　お正月に行った場所やしたことなどについての写真を見せながら話をします。また，日本各地のお正月や世界のお正月についても紹介します。

手順

❶先生のお正月の写真を見ながら話を聞きます。

　先生のお正月休みの様子を，写真を見せながら子どもたちに伝えます。子どもたちにも話を振り，同じことをしていたら手を挙げてもらいます。

T："Look at this picture. I ate Osechi. Did you eat Osechi?"

T："I like black beans. What Osechi do you like?"

T："I visited the shrine. Did you visit a shrine or temple?

❷いろいろな地域のお正月についての話を聞きます。

　日本各地のお正月の過ごし方について，先生の話をきっかけに話していきます。同じ国の中でもいろいろな文化の違いがあることに気づけるようにします。子どもたちは，自分のお正月の過ごし方と比べながら話を聞いたり，自分の経験について話したりします。

T："I ate Ozoni. There is square rice cake and vegetables in it."

T："Do you eat Ozoni on New Year holidays? What do you have in Ozoni?"

T："Look at these pictures. In western Japan, they use circle rice cake for Ozoni."

❸世界のお正月についての話を聞きます。

　世界のお正月の過ごし方について，話をします。それぞれの国に，日本とは違った新年の迎え方があります。いろいろな国のお正月について写真を見せながら紹介します。

> **全員で楽しむポイント**
>
> 　初めて聞く表現がたくさん出てくる話を聞くことになるので，写真は欠かせません。子どもたちが興味をもって聞けるように，いろいろな写真を用意します。また，先生が一方的に話をしてしまうと子どもたちは聞かなくなってしまうので，たくさん質問を投げかけ，子どもたちが反応したり話したりする場を位置付けます。

54 おにのお面を作ろう
Let's draw a funny monster.

■領域　聞くこと・話すこと［やり取り］　　■学年　全学年　　■時間　25分
■英語表現　体を表す表現，形を表す表現
■準備物　画用紙

ゲームの概要

　いろいろな形を使って，かわいいおにのお面を作ります。先生やなかまの指示を聞いて，その指示の形を使って，顔を作っていきます。

手順

❶先生の指示を聞いて，おにの顔を描きます。

　先生は，形＋体の部分となるように，おにの顔の詳細を伝えます。子どもたちは，先生の話を聞いて，画用紙に鬼の顔を描きます。

T："Let's draw a funny monster."

T："A square face."　　　　　　　　　S：（四角形の顔を描きます）

T："Two triangle eyes."　　　　　　　S：（２つの三角形の目を描きます）

T："A star nose."　　　　　　　　　　S：（星型の鼻を描きます）

T："A rectangle mouth.　　　　　　　S：（長方形の口を描きます）

T："Two heart ears.　　　　　　　　　S：（２つのハート型の耳を描きます）

T："Two diamond horns."　　　　　　S：（２本のひし形の角を描きます）

❷完成した顔を見せ合います。

　おにの顔が完成したら，上に掲げて見せ合い，感想を伝え合います。

T："Show me your drawing, please."　　　　　S：（おにの顔を上に掲げて見せます）

T："Wow. What a cute face! Nice drawing.

❸子どもたち同士で，指示を出し合い，おにの顔を描きます。

　ペアを作ります。先生が❶で行ったのと同様に，ペアで順番に形＋体の部分の指示を出し合い，おにの顔を描きます。

全員で楽しむポイント

　始めは，先生が指示を出しながら，黒板に同じように絵を描いていきます。どう描いたらよいかわからない子どもたちは，その絵を見ながら描きます。おもしろい絵を描いて，同じ指示を聞いて描いても，いろいろな鬼ができる楽しさを味わえるとよいです。

55 ペアの卵を見つけよう
Let's find the same Easter egg.

■領域　聞くこと・話すこと［やり取り］　　■学年　中・高学年　　■時間　25分
■英語表現　色を表す表現，形を表す表現，持っているものを表す表現
■準備物　イースターエッグのイラスト（2組）

 ゲームの概要

　いろいろな色や形の描かれたイースターエッグのイラストを2組用意します。1人に1つずつイースターエッグのイラストを渡し，同じイースターエッグを持っているなかまを探します。

手順

❶イースターという行事についての話を聞きます。

　　イースターという行事について，写真を見せながら子どもたちに話をします。

　T："Do you know Easter? Easter is a foreign event."

　T："These are Easter eggs. Eater eggs are decorated eggs."

❷ゲームのルールを確認します。

　　T："Let's play a game. I'll give you the Easter egg. Please find the same egg as yours."

❸同じイースターエッグを持っているなかまを探します。

　　子どもたちは，色や形を聞いて，自分のイースターエッグと同じイースターエッグを持っているなかまを探します。

S1："What color do you have?"　　　　S2："I have a blue egg."

S1："Me too. What shape do you have?　　S2："I have a star egg."

S1："I'm sorry. I have a blue clover egg."　S2："I see. Thank you."

S1・2：（新しいなかまを探してやり取りをします）

S3："What color do you have?"　　　　S4："I have a pink egg."

S3："Me too. What shape do you have?"　S4："I have a heart egg."

S3："Wow. Me too."　　　　　　　　　S4："Great. We have the same eggs."

S3・4：（ペアができたので，新しいイースターエッグをもらって活動します）

> **全員で楽しむポイント**
>
> 　遊びを通して，楽しく外国の文化に触れていきます。子どもたちが同じイースターエッグを探すなかで，使えそうな表現を考えて会話をしていきます。活動の途中で，中間交流をし，困っている子どもたちに必要なアドバイスをしていきます。

Chapter

4

読むこと・書くことの
英語ゲーム＆アクティビティ
25

1 自分の名前見つかるかな
Let's find your name.

■領域　聞くこと・読むこと　　■学年　中・高学年　　■時間　15分
■英語表現　アルファベット（大文字・小文字）
■準備物　掲示用アルファベットカード

 ゲームの概要

　掲示用アルファベットカードを見ながら，自分の名前と同じアルファベットを見つけます。アルファベットを聞いて，自分の名前のアルファベットが聞こえたときに反応します。

手順

❶すべてのアルファベットを確認します。

　先生は，すべてのアルファベットを順に言います。2回目は，先生が言う後に続いて，子どもたちも繰り返し言います。

T："Let's check alphabet. Please listen."

T："Let's say together."

❷自分の名前のアルファベットを探します。

　子どもたちは自分のアルファベットを言います。先生は，子どもたちにそれぞれのアルファベットが名前の中に入っているかを聞きます。

T："What letter do you have in your name?"

T："Do you have 'A' in your name? Please raise your hand."

❸自分の名前のアルファベットが聞こえたら，反応します。

　子どもたちと一緒にアルファベットを順に言います。自分の名前のアルファベットが聞こえたときに，いろいろな動きをして反応します。

＜例＞

1回目：自分の名前のアルファベットが聞こえたら，手を叩く。

2回目：自分の名前のアルファベットが聞こえたら，両手を挙げる。

3回目：自分の名前のアルファベットが聞こえたら，ジャンプする。

全員で楽しむポイント

　アルファベットを聞いたり言ったりするとき，先生が掲示用アルファベットカードを指し示しながら行い，文字と読み方が結び付くようにします。また，必要な子どもたちには，自分のネームカードなど自分の名前のアルファベットがわかるものを用意しておきます。

2 ABC ソングを歌おう
Let's sing ABC song.

■領域　聞くこと・読むこと　　■学年　中・高学年　　■時間　15分
■英語表現　アルファベット（大文字・小文字）
■準備物　掲示用アルファベットカード

ゲームの概要

　掲示用アルファベットカードを見ながら，自分の名前と同じアルファベットを見つけます。アルファベットを聞いて，自分の名前のアルファベットが聞こえたときに反応します。

手順

❶ ABC の歌を確認します。

　　ABC の歌を聞きます。2回目は，歌に合わせて，子どもたちも歌います。

T："Please listen to ABC song."

T："Let's sing together."

❷いろいろな歌い方で歌います。

　　先生は毎回歌う前に，いろいろな歌い方を子どもたちに伝えます。子どもたちは，先生が言った歌い方で ABC の歌を歌います。つまずきがあったら，スピードを落として，ゆっくりと行います。

＜例＞

1回目：スピードアップして，ABC song を歌う。

2回目：列ごとに1つずつアルファベットを担当して，順に歌う。

3回目：N など途中から順に，NOP song を歌う。

4回目：Z から逆に，ZYX song を歌う。

❸自分の名前のアルファベットが出てくるとき，反応して歌います。

　　❸と組み合わせて，Let's find your name. の活動で行ったように，自分の名前のアルファベットが出てくるときに，いろいろな動きをして反応しながら歌います。

全員で楽しむポイント

　ABC song は誰もが一度は聞いたことのある歌です。この活動で，読み方と文字と正しく結び付けていきます。先生は，掲示用アルファベットカードを指し示しながら行ってください。また，途中から歌ったり逆から歌ったりするのは意外と難しく，このようないろいろな歌い方で歌っていくことで，文字に意識を向けていくことができます。

3 アルファベットを見つけよう
Let's find the alphabet.

■領域　読むこと・話すこと［やり取り］　■学年　中・高学年　■時間　20分
■英語表現　アルファベット（大文字・小文字）
■準備物　掲示用アルファベットカード，新聞や広告

ゲームの概要

　新聞や広告にはたくさんのアルファベットが載っています。新聞や広告の中から，AからZまですべてのアルファベットを見つける活動です。

手順

❶アルファベットを確認します。

　　先生が言う後に続いて，子どもたちも繰り返し言います。

　T："Let's check the alphabet. Say together."

❷全員でアルファベットを探します。

　　子どもたちに新聞や広告の拡大写真を見せます。子どもたちはその写真の中にあるアルファベットを探します。

　T："Look at this newspaper. Can you find letters?"

　S："I can find 'T'."

❸1人1人でアルファベットを探します。

　　子どもたち1人1人に新聞や広告を配ります。子どもたちは，AからZまですべてのアルファベットを見つけられるように，その中のアルファベットを探します。

　T："Do you want to find more? Let's find letters from 'A' to 'Z'."

　T："I'll give you a newspaper."

❹見つけたアルファベットについて交流します。

　　時間になったら区切って，グループで見つけたアルファベットについて交流します。

　S1："I found 'A', 'B', 'C', 'E', 'G', 'I', 'K', 'T' and 'Y'."　　S2："Where is 'G'? I can't find."

　S1："Here. What letters can you find?"　　S2："I can find 'A', 'B', 'C', 'D', 'E', 'J', 'M' and 'Z'."

全員で楽しむポイント

　文字認識が苦手な子どもたちには，何を探したらよいかわかるように，AからZまでのアルファベットが書かれた紙を渡し，その紙にチェックするようにするとよいです。始めは個人でやってみて，その後グループ対抗で行うこともできます。

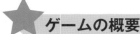

4 名前を作ろう
Let's make your name.

■領域　読むこと・話すこと［発表］　　■学年　中・高学年　　■時間　20分
■英語表現　アルファベット（大文字・小文字）
■準備物　身の回りのもの　タブレット端末

★ ゲームの概要

　身の回りのものに書かれているアルファベットを使って，自分の名前を作ります。自分の名前のアルファベットを見つけたら，タブレット端末で撮影し，なかまに紹介します。

手順

❶アルファベットを確認します。

　先生が言う後に続いて，子どもたちも繰り返し言います。

T："Let's check the alphabet. Say together."

❷身の回りのものからアルファベットを探します。

　先生は，身の回りのものを見せながら，そこに書かれているアルファベットを尋ねます。

T："Look at this notebook. Can you find some letters?"　　S："I see 'K'."

T："Good. You use 'K' for your name."

❸1人1人で自分の名前のアルファベットを探します。

　子どもたちは身の回りのものに書かれているアルファベットを探します。自分の名前のアルファベットが見つかったら，タブレット端末で撮影します。

T："Let's find letters. Can you find your name's letters?"

T："If you find that, please take pictures."

❹見つけたアルファベットを使って，自分の名前を紹介します。

　身の回りのものの中から見つけたアルファベットを使って，自分の名前と綴りをなかまに紹介します。

S：（撮った写真を見せながら）"I am Nozomi. 'N', 'O', 'Z', 'O', 'M', 'I. Nozomi."

全員で楽しむポイント

　身の回りのものには，たくさんのアルファベットが書かれています。それらのものを使って行うことで，自然と文字に意識が向くようにしていきます。また，タブレット端末を効果的に活用し，子どもたちが「どこに書かれているかな」や「どこの文字なのかな」と考えながら，興味をもって活動に取り組めるようにします。

5 そろうかな
Let's play ABC BINGO game.

■領域　聞くこと・読むこと　　■学年　中・高学年　　■時間　20分
■英語表現　アルファベット（大文字・小文字）
■準備物　掲示用アルファベットカード，子ども用アルファベットカード

 ゲームの概要

　BINGO game です。25枚のカードを使い，子どもたちが自分用の BINGO シートを作ります。子どもたちは，先生のアルファベットを聞き，そのカードを裏返していきます。

手順

❶アルファベットを確認します。

　　先生が言う後に続いて，子どもたちも繰り返し言います。

❷ BINGO シートを作ります。

　　子ども用アルファベットカードのうち25枚を使い，縦5×横5の BINGO シートを作ります。

　　T："Let's make a BINGO sheet."　"Please choose 25 cards."

　　T："Line the five cards up in a column and row."

❸聞こえたアルファベットカードを裏返します。

　　先生はアルファベットを1つずつ三度言います。子どもたちは，聞こえたアルファベットカードを裏返していきます。

　　T："'R', 'R', 'R'."　　S：（R が書かれたカードを裏返します）

❹縦，横，斜めのいずれか1列が裏返ったら，"BINGO" と言います。

　　子どもたちは，縦，横，斜めのいずれか1列が裏返ったら，"BINGO" と言います。1人が BINGO しても全員が BINGO するまでそのまま続けます。

❺チャンピオンを決めます。

　　子どもたち全員が1つは BINGO できたら，先生はそこで終了し，いくつ BINGO したかを尋ね，チャンピオンを決めます。

　　T："How many BINGOs did you get?"　　S："Three."　　T："Great. You are the champion."

全員で楽しむポイント

　黒板の掲示用アルファベットカードと子ども用カードは，同じものを用意します。アルファベットを言うときに，二度目までは何も見せずに言い，三度目で掲示用アルファベットカードを見せながら言うと，正解を確認でき，苦手な子どもたちも安心して取り組めます。

6 かるたで遊ぼう
Let's play ABC KARUTA game.

■領域　聞くこと・読むこと　　■学年　中・高学年　　■時間　20分
■英語表現　アルファベット（大文字・小文字）
■準備物　掲示用アルファベットカード，子ども用アルファベットカード

 ゲームの概要

　日本のかるた遊びと同じ方法で，聞こえたカードを取っていく活動です。先生がアルファベットを言い，子どもたちは聞こえたアルファベットカードを取っていきます。

手順

❶アルファベットを確認します。

　先生が言う後に続いて，子どもたちも繰り返し言います。

❷ペアを作り，子ども用アルファベットカードを表向きにして机の上に広げます。

　２人ずつのペアを作ります。ペアに１組の子ども用アルファベットカードを用意し，すべてを表向きにし，机の上に広げます。

　T："Make pairs. Spread out the cards on your desk."

❸聞こえたカードを取ります。

　先生は１つずつアルファベットを３回言います。子どもたちは，聞こえたアルファベットのカードを取ります。

　T："'Y', 'Y', 'Y'."　　S：（Y が書かれたカードを取ります）

❹何枚のカードが取れたか数えます。

　全部のアルファベットを取り終わったら，何枚のカードが取れたか数えます。より多くのカードを取れた人が勝ちです。

　T："How many cards do you have? Let's count together. 1, 2, 3..."

［アレンジ］

　グループ対抗で３組のカードを行います。多くのカードを使って行うので，たくさん取ることができ，楽しく行うことができます。

> **全員で楽しむポイント**
>
> 　誰が多く取ったか確認するときに，まず全員手を挙げさせ，"0 or more." "1 or more." "2 or more." とだんだんと数を大きくしていき，その数以下の人が手を下ろしていく形式にすると，あまり取れなかった子どもたちが目立つことなく，チャンピオンの人を確認できます。

4

読むこと・書くことの英語ゲーム＆アクティビティ25

7 なかまはどこかな
Let's play ABC Matching game.

■領域　読むこと・話すこと［やり取り］　　■学年　中・高学年　　■時間　20分
■英語表現　アルファベット（大文字・小文字）
■準備物　掲示用アルファベットカード，子ども用アルファベットカード

 ゲームの概要

　日本の神経衰弱と同じ方法で，同じアルファベットカードを見つけていく活動です。裏返しのカードを交互に2枚ずつめくり，同じアルファベットカードを探します。

手順

❶アルファベットを確認します。

　先生が言う後に続いて，子どもたちも繰り返し言います。

❷4人グループを作り，その中で，ペアに分かれます。

　子どもたちを4人グループにします。その中で，さらに2人ずつのチームに分けます。

　T："Please make groups of four. After that, make pairs."

❸子ども用アルファベットカード2組を裏向きにして机の上に広げます。

　グループに2組の子ども用アルファベットカードを用意し，裏向きにして広げます。

　T："Spread out the cards face down on your desk."

❹各チームアルファベットカードを2枚めくり，同じアルファベットを探します。

　各チームアルファベットカードを2枚めくり，出たカードに書かれているアルファベットを言います。同じアルファベットを見つけられたら，そのカードをもらえます。

（S1・2が先攻チーム，S3・4が後攻チームとします）

S3："What is this?"　　S1："O."

S4："What is this?"　　S2："S."　←カードはもらえません。

S1："What is this?"　　S3："U."

S2："What is this?"　　S4："U."　←カードがもらえます。

❺何枚のカードが取れたか数えます。

全員で楽しむポイント

　記憶力が必要となる活動なので，あまり差ができないように，2人チームを作って活動を行います。同じチームの子どもたちで，"Up.", "Down.", "Right.", "Left." とヒントを伝えるとさらに楽しく活動できるので，この姿を価値付けて広めていきます。

8 並べられるかな
Let's put in order.

■領域　読むこと　　　■学年　中・高学年　　　■時間　20分
■英語表現　アルファベット（大文字・小文字）
■準備物　掲示用アルファベットカード，子ども用アルファベットカード

 ゲームの概要

アルファベットを A から Z まで順番に並べたり Z から A まで逆順に並べたりしていきます。学級全体で確認し，その後，1 人 1 人で行います。

手順

❶アルファベットを確認します。

先生が言う後に続いて，子どもたちも繰り返し言います。

T："Let's check the alphabet. Say together."

❷学級全体で，順番にアルファベットカードを並べます。

掲示用アルファベットカードをよく混ぜ，全員でアルファベットカードを順に並べ替えます。子どもたちが順に前に来て，1 つずつアルファベットを並べていきます。1 回目は，A から Z まで順に，2 回目は Z から A まで逆順に並べ替えます。

T："Let's put in order from 'A' to 'Z'. What is the first letter?"　　S："A."

T："Good. Where is 'A'?"

❸1 人 1 人，順番にアルファベットカードを並べます。

1 人 1 つアルファベットカードを配ります。子どもたちは，よく混ぜて，先生の言う順番に並べ替えます。1 回目は，A から Z まで順に，2 回目は Z から A まで逆順に並べ替えるように指示を出します。

T："Let's put in order from 'A' to 'Z'. are you ready? Get set, go!"

S：（並べ終わったら）"I've done it."

T："Let's put in reverse order from 'A' to 'Z'. Are you ready? Get set, go!"

S：（並べ終わったら）"I've done it."

全員で楽しむポイント

黒板に，掲示用アルファベットカードを順に貼っておき，手が止まってしまう子どもたちがそのカードを見ながらできるようにします。並べ終わった子どもたちは，まだ終わっていない子どもたちにヒントを伝え，応援し合えるような環境をつくれるとよいです。

9 迷子を見つけよう
Let's match letters!

☐領域　読むこと・話すこと［やり取り］　☐学年　中・高学年　☐時間　20分
☐英語表現　アルファベット（大文字・小文字）
☐準備物　掲示用アルファベットカード（大文字・小文字）

 ゲームの概要

　大文字と小文字の掲示用アルファベットカードを用意します。裏返しのカードを交互に２枚ずつめくり，大文字と小文字，同じアルファベットカードを探します。

手順

❶大文字と小文字のアルファベットを確認します。

　先生が言う後に続いて，子どもたちも繰り返し言います。確認し終えたら，すべて裏向きにして，黒板に貼ります。

❷各チームアルファベットカードを２枚めくり，全員で確認します。

　子どもたちを２つのチームに分けます。各チーム，順にアルファベットカードを２枚めくり，めくったアルファベットカードを全員で確認します。

T："Let's match letters!"

S：（各チーム，順に２人ずつ前に出てきて，アルファベットカードを２枚選びます）

T："Please open the cards."

S3："What is this?"　　S1："K."

S4："What is this?"　　S2："e."　←カードはもらえません。

S1："What is this?"　　S3："S."

S2："What is this?"　　S4："s."　←カードがもらえます。

❸合っても，合ってなくても，次のチーム代わり，❷に戻ります。

❹すべてのカードがなくなったら，終了です。得点を確認します。

T："Team A has 15 points. Team B has 11 points. The winner is Team A."

全員で楽しむポイント

　大文字と小文字の組み合わせを使って活動を行うのは，意外と難しいです。大文字と小文字それぞれがしっかりと定着してからこの活動を行います。遊びながら，何度もアルファベットに触れて，大文字と小文字を確認していきます。めくったアルファベットカードが何か，すぐに言えないときは，同じチームの人に助けてもらって言えるようにします。

10 どんな形をしているかな
What shape is ABC?

■領域　書くこと・話すこと［発表］　　■学年　中・高学年　　■時間　20分
■英語表現　アルファベット（大文字）
■準備物　掲示用アルファベットカード（大文字）

 ゲームの概要

　アルファベットの大文字をいろいろなグループに分けます。どんなグループにしたかを交流し，アルファベットの大文字の形に意識を向けて覚えていきます。

手順

❶アルファベットを確認します。

　先生が言う後に続いて，子どもたちも繰り返し言います。

T："Let's check the alphabet. Say together."

❷アルファベットの大文字をグループに分けます。

　子どもたちは，アルファベットの大文字を下記に示すようなグループに分けていきます。子どもたちの実態に応じて，書きながら見つけても，子ども用アルファベットカード（大文字）を使いながら見つけてもよいです。

＜例＞

・A, E, F, H, I, K, L, M, N, T, V, W, X, Y, Z →直線だけでできるアルファベット

・C, O, S →曲線だけでできるアルファベット

・A, H, I, M, O, T, U, V, W, X, Y →縦に線対称なアルファベット

・B, C, D, E, H, I, K, O, X →横に線対称なアルファベット

・H, I, N, O, S, X, Z →点対称なアルファベット　　　　　　　　　　　　　　　等

❸分けたグループを紹介します。

　子どもたちは掲示用アルファベットカード（大文字）を使って，黒板にグループ分けした文字を貼り，グループを紹介します。

S："This is a straight-line letter team."

全員で楽しむポイント

　答えがないので，子どもたちが自由に発想し，楽しく活動することができます。形に着目してグループを作っていくことで，自然と文字を書くときに必要な形を意識することができます。書くことへの下準備として，実態に応じてカードを使って行ってください。

4

読むこと・書くことの英語ゲーム＆アクティビティ25

111

❶アルファベットを使ったゲーム＆アクティビティ

11 どんな形をしているかな
What shape is abc?

■領域　書くこと・話すこと［発表］　　■学年　中・高学年　　■時間　20分
■英語表現　アルファベット（小文字）
■準備物　掲示用アルファベットカード（小文字）

★ ゲームの概要

　アルファベットの小文字をいろいろなグループに分けます。どんなグループにしたかを交流し，アルファベットの小文字の形に意識を向けて覚えていきます。

手順

❶アルファベットを確認します。

　　先生が言う後に続いて，子どもたちも繰り返し言います。

　　T："Let's check the alphabet. Say together."

❷アルファベットの小文字をグループに分けます。

　　子どもたちは，アルファベットの小文字を下記に示すようなグループに分けていきます。子どもたちの実態に応じて，書きながら見つけても，子ども用アルファベットカード（小文字）を使いながら見つけてもよいです。

　　＜例＞

　・a, c, e, m, n, o, r, s, t, u, v, w, x, z →4線の1階だけを使う文字

　・b, d, f, h, i, k, l →4線の1階と2階を使う文字

　・g, j, p, q, y →4線の1階と地下を使う文字

　・c, o, p, s, v, w, x, z →大文字と形が同じ文字

　・i, j, k, t, u, y →大文字と形が似ている文字　　　　　　　　　　　　　　等

❸分けたグループを紹介します。

　　子どもたちは掲示用アルファベットカード（小文字）を使って，黒板にグループ分けしたアルファベットを貼り，グループを紹介します。

　　S："They use the only first floor."

全員で楽しむポイント

　小文字は書く位置がアルファベットによって違います。4線の1階（真ん中）だけ使うもの・1階と2階（上と真ん中）を使うもの・1階と地下（真ん中と下）を使うものがあります。苦手を感じないように，小文字の特徴を子どもたちで見つけていきます。

12 体で ABC を表そう
Let's show ABC.

■領域　読むこと・書くこと　　■学年　中・高学年　　■時間　20分
■英語表現　アルファベット（大文字）
■準備物　掲示用アルファベットカード（大文字）

 ゲームの概要

　体全体を使って，ABC を表していきます。先生の指示を聞きながら，手を合わせて前に出し，空中に大きく文字を書いていきます。

手順

❶**アルファベットを確認します。**

　　先生が言う後に続いて，子どもたちも繰り返し言います。

　T："Let's check the alphabet. Say together."

❷**先生の動きを見たり話を聞いたりして，何のアルファベットか考えます。**

　　先生は手を合わせて前に出し，大きく手を動かして空中にアルファベットを書いていきます。このとき，同時に "Up, down, straight, round, right, left." などどう動かすかを言いながら行います。

　T："Move your hand straight down for the lower left. Move your hand straight down for the lower right. Move your hand straight for right."

　T：（手を真っ直ぐ左下に，手を真っ直ぐ右下に，そして手を右に真っ直ぐ動かし，空中にAを描きます）

　T："What is this alphabet?"　　S："A."

❸**先生と一緒にアルファベットを書きます。**

　　先生の動きを見たり話を聞いたりしながら，一緒に大きく手を動かして空中にアルファベットを書いていきます。慣れてきたら，先生の声に合わせて，つぶやきながら動きます。

　T："Let's show me 'ABC'. Stand up, please."

　T："Move your hand straight down. Move your hand straight for right and move round…"

全員で楽しむポイント

　体全体を使って，大きく空中にアルファベットを書いていきます。楽しく体全体でアルファベットを覚えていきます。先生は子どもたちから文字が正しく見えて，真似をすれば正しい文字が書けるように，鏡文字にして書きます。

13 体で abc を表そう
Let's show abc.

■領域　読むこと・書くこと　　　■学年　中・高学年　　　■時間　20分
■英語表現　アルファベット（小文字）
■準備物　掲示用アルファベットカード（小文字）

 ゲームの概要

体全体を使って，abc を表していきます。書く位置に合わせて，手を挙げたりしゃがんだりして書く位置や形を覚えていきます。

手順

❶アルファベットを確認します。

先生が言う後に続いて，子どもたちも繰り返し言います。

T："Let's check the alphabet. Say together."

❷書く位置に合わせて動きます。

先生は書く位置に合わせて，手を挙げたりしゃがんだりします。子どもたちも先生の真似をして動きます。1階建てのアルファベットのときは真っ直ぐ立ち，1階と2階のアルファベットのときは手を挙げます。1階と地下のアルファベットのときは，しゃがみます。

T："Let's move. Stand up, please. Let's start."

❸歌に合わせて動きます。

先生の動きを見ながら ABC の歌を歌いながら，書く位置に合わせて手を挙げたりしゃがんだりしながら動きます。

❹先生と一緒にアルファベットを書きます。

先生の動きを見たり話を聞いたりしながら，一緒に大きく手を動かして空中にアルファベットを書いていきます。慣れてきたら，先生の声に合わせて，つぶやきながら動きます。

T："Let's write 'abc' in the air."

T："Put your finger（と言って人差し指を出す）in the air and write like this. Go down and up ... and down ... 'a'."

全員で楽しむポイント

まず小文字の書く位置を覚えるために，手を挙げたりしゃがんだりします。それから文字の形を書きます。スモールステップで少しずつレベルを上げていきます。先生は子どもたちから文字が正しく見えて，真似をすれば正しい文字が書けるように，鏡文字にして書きます。

14 ABC を伝え合おう
Tell me ABC.

■領域　書くこと・話すこと［やり取り］　　■学年　中・高学年　　■時間　20分
■英語表現　アルファベット（大文字）
■準備物　掲示用アルファベットカード（大文字）

 ゲームの概要

アルファベットの大文字を見て，そのアルファベットをなかまの背中に書いて伝えます。書かれた子どもたちは何のアルファベットかを答えます。

手順

❶アルファベットを確認します。

先生が言う後に続いて，子どもたちも繰り返し言います。

❷ペアを作り，先に文字を伝える人を決めます。

2人ずつのペアを作ります。じゃんけんをして勝った人が文字を先に伝える人になります。

T："Make pairs. Let's do Rock-Scissors-Paper."

T："Winners, raise your hand. You go first."

❸アルファベットをなかまの背中に書いて伝えます。

じゃんけんに負けた子どもたちは目をつむります。じゃんけんに勝った子どもたちは，先生が示すアルファベットを見て，その文字をペアの人の背中に書きます。

T："Losers, please close your eyes. Winners, look at this alphabet and write it on your partner's back."

❹書かれたアルファベットを答えます。

背中に書かれた子どもたちは，書かれたアルファベットを答えます。

S1："Is it 'B'?"　　　S2："That's right."

❺役割を交代します。

［アレンジ］

グループ対抗で順に伝えていき，伝言ゲームとして活動することもできます。正しく伝えられたグループに点数を加えていきます。

> **全員で楽しむポイント**
>
> 掲示用アルファベットカードを黒板に貼っておき，背中に書かれた文字をその中から探せるようにします。合っていても間違っていても楽しめる雰囲気をつくっていきます。

15 abc を伝え合おう
Tell me abc.

■領域　書くこと・話すこと［やり取り］　　■学年　中・高学年　　■時間　20分
■英語表現　アルファベット（小文字）
■準備物　掲示用アルファベットカード（小文字）

 ## ゲームの概要

　アルファベットの小文字を見て，そのアルファベットをなかまの背中やおでこ・手のひらに書いて伝えます。書かれた子どもたちは何のアルファベットかを答えます。

手順

❶アルファベットを確認します。

　先生が言う後に続いて，子どもたちも繰り返し言います。

❷ペアを作り，先に文字を伝える人を決めます。

　2人ずつのペアを作ります。じゃんけんをして勝った人が文字を先に伝える人になります。

　T ： "Make pairs. Let's do Rock-Scissors-Paper."

　T ： "Winners, raise your hand. You go first."

❸アルファベットをなかまの背中やおでこ・手のひらに書いて伝えます。

　じゃんけんに負けた子どもたちは目をつむります。じゃんけんに勝った子どもたちは，先生が示すアルファベットを見て，その文字をペアの人の背中に書きます。

　T ： "Losers, please close your eyes. Winners, look at this alphabet and write it on your partner's back."

❹書かれたアルファベットを答えます。

　背中に書かれた子どもたちは，書かれたアルファベットを答えます。

　S1 ： "Is it 'p'?"　　　S2 ： "Sorry. No. It's 'q'."

❺役割を交代します。

［アレンジ］

　グループ対抗で順に伝えていき，伝言ゲームとして活動することもできます。正しく伝えられたグループに点数を加えていきます。

> **全員で楽しむポイント**
>
> 　おでこや手のひらに書くと左右がよくわからなくなります。b と d，p と q など，似た小文字をお題にして，左右の向きに注目させていきます。

16 文字を作ろう
Let's make a letter.

■領域　書くこと・話すこと［やり取り］　　■学年　中・高学年　　■時間　20分
■英語表現　アルファベット（大文字・小文字）
■準備物　アルファベット表，粘土

 ゲームの概要

アルファベットを見ながら形や大きさを捉えて，粘土を使っていろいろなアルファベットを作ります。

手順

❶粘土を用意して，活動の準備をします。

　T："Let's make a letter. Do you have clay?"

❷アルファベットを作ります。

　先生はある１つのアルファベットを子どもたちに伝えます。子どもたちは，そのアルファベットを作ります。

　T："Let's make a lower-case 'h'."　　　S：（粘土でhを作ります）

❸グループを作り，作ってほしいアルファベットを順に伝え合い，全員で作ります。

　４人程度のグループを作ります。順番を決めて，全員に作ってほしいアルファベットを順に伝えます。残りの人は言われたアルファベットを作ります。

S1："Let's make an upper-case 'G'."　　　S：（粘土でGを作ります）

［アレンジ］

　1 モールで alphabet（高学年向け）

　　モールを使って，大文字や小文字のいろいろなアルファベットを作ります。大きさが調節しやすいので，高学年におすすめです。

　2 砂で alphabet（中学年向け）

　　砂を入れたトレイを用意します。その中にいろいろなアルファベットを書きます。砂なので，間違えてもすぐに直すことができます。運動場で行ってもよいです。

全員で楽しむポイント

　鉛筆を使って文字を書くことに抵抗を感じる子どもたちも，粘土を用いていくことで楽しみながら文字を作ることができます。アルファベット表を子どもたちの手元に１枚ずつ用意し，よく見ながら作れるようにします。

17 英語を見つけよう
Let's find English.

■領域　読むこと　　■学年　中・高学年　　■時間　20分
■英語表現　アルファベット，いろいろな単語
■準備物　身の回りのもの，タブレット端末

★ ゲームの概要

　身の回りのものに書かれている英語を見つけます。英語を見つけたら，タブレット端末で撮影し，なかまに紹介します。

手順

❶アルファベットを確認します。

　先生が言う後に続いて，子どもたちも繰り返し言います。

　T："Let's check the alphabet. Say together."

❷身の回りのものの中に書かれている英語を探します。

　先生は，身の回りのものを見せながら，そこに書かれている英語を紹介します。子どもたちは，身の回りのものに書かれている英語を探します。英語が見つかったら，タブレット端末で撮影します。

　T："Look at this. I found English. 'N', 'O', 'T', 'E', 'B', 'O', 'O', 'K', 'n', 'o', 't', 'e', 'b', 'o', 'o', 'k', notebook."

　T："Can you find another English? Let's find English. If you find that, please take pictures."

❸見つけた英語を読みます。

　身の回りのものの中から見つけた英語に使われているアルファベットを順に読みます。英単語のものは，1回目はアルファベットの名前で，2回目はアルファベットの音で，3回目にまとまりとして読みます。また，アルファベットが使われていても英単語ではないものもあるので，単語として読めるものとそうでないものがあることに気づかせます。

　S：（撮った写真を見て）"'P', 'E', 'N', 'p', 'e', 'n', pen."　←英単語です。

　S：（撮った写真を見て）"'H', 'B', 'H', 'B'."　←英単語ではありません。

　T："H. B is a shortened form of 'Hard' and 'Black'."

> **全員で楽しむポイント**
>
> 　アルファベットには，名前と音があります。単語を読むときに必要となるのは音です。この活動で，名前で呼んでいる子どもたちに，音で読むとまとまりとして読めるということに気づかせていきます。

単語や文を使ったゲーム＆アクティビティ

18 好きな○○は何かな
What do you like?

■領域　読むこと・話すこと［やり取り］　　■学年　中・高学年　　■時間　20分
■英語表現　アルファベット，いろいろな単語
■準備物　イラスト付きのいろいろな単語表

★ **ゲームの概要**

お題を聞いて，その中から自分の好きなものを選びます。好きなものに使われているアルファベットを伝え，好きなものは何かを当ててもらいます。

手順（動物の場合）

❶**好きなものを決めます。**

好きなものを選ぶお題を伝えます。そのお題の中から，自分の好きなものを決めます。

T："I like animals. What animal do you like?"

❷**先生の好きなものを当てます。**

先生は，好きなものに使われているアルファベットを伝えます。子どもたちはそのアルファベットを聞いて，好きなものは何かを当てます。

T："What animal do I like? Please guess."

T："It has 'A', 'N', 'P', 'A', 'D'. What animal do I like?"　　S："Do you like pandas?"

T："Yes, I do. I like pandas. They're very cute."

❸**子ども同士で好きなものを当て合います。**

子ども同士でペアを作ります。１人が好きなものに使われているアルファベットを伝え，もう１人が好きなものは何かを当てます。当てられたら役割を交代します。

S1："What animal do I like? It has 'G', 'O', 'D'."　　S2："Do you like dogs?"

S1："Yes, I do. I like dogs. Great. Now, it's your turn."

S2："OK. What animal do I like? It has 'I', 'O', 'N', 'L'."　　S1："Do you like lions?"

S2："Yes, I do. I like lions. They're cool."

全員で楽しむポイント

始めは単語に使われている順にアルファベットを伝えて，好きなものを当てやすくします。徐々に，アルファベットをランダムで言い，当てていくようにします。絵と文字とを同時に確認できるものを準備しておき，その紙を用いて行うことで，絵と単語とアルファベットをつなげて楽しく活動に取り組むことができます。

4

読むこと・書くことの英語ゲーム＆アクティビティ25

❷単語や文を使ったゲーム＆アクティビティ

19 なかまを見つけよう
Let's find the same word.

■領域　読むこと　　　■学年　高学年　　　■時間　20分
■英語表現　いろいろな単語
■準備物　掲示用単語カード，子ども用単語カード

★ ゲームの概要

　たくさんのいろいろな単語が書かれたカードを用意します。子どもたちは，先生が示す単語カードを見て，同じ単語のカードを探します。

手順

❶単語を確認します。

　先生が言う後に続いて，子どもたちも繰り返し言います。

T："Let's check the words. Say together."

❷ペアを作り，子ども用アルファベットカードを表向きにして机の上に広げます。

　2人ずつのペアを作ります。ペアに1組の子ども用単語カードを用意し，すべてを表向きにし，机の上に広げます。

T："Make pairs. Spread out the cards on your desk."

❸提示されたカードを取ります。

　先生はカードを見せながら単語を言います。このとき，単語→アルファベットの音→単語となるように言います。子どもたちは，提示された単語のカードを取ります。

T：（単語を見せて）"Cup, 'c', 'u', 'p', cup."

S：（"cup" と書かれたカードを取ります）

❹何枚のカードが取れたか数えます。

　全部の単語を取り終わったら，何枚のカードが取れたか数えます。より多くのカードを取れた人が勝ちです。

T："How many cards do you have? Let's count together. 1, 2, 3..."

全員で楽しむポイント

　単語が書かれたカードを見ながら同じ単語が書かれたカードを探すので，英語が得意な子どもたちもそうでない子どもたちも全員が同じ条件で探すことができます。"Cup, cut, cat, cap" など似たアルファベットが使われている単語を用いると，文字や音に着目し楽しく活動できます。単語と音だけでわかりにくい場合は，アルファベットの名前を加えてください。

2単語や文を使ったゲーム&アクティビティ

20 ペアを見つけよう
Let's make pairs.

■領域　読むこと　　■学年　高学年　　■時間　20分
■英語表現　いろいろな単語
■準備物　子ども用単語カードとその絵カード

★ ゲームの概要

　日本の神経衰弱のような方法で，同じ意味の単語カードと絵カードを見つけペアを作る活動です。裏返しのカードを交互に2枚ずつめくり，同じ意味のカードを探します。

手順

①単語を確認します。

　　先生が言う後に続いて，子どもたちも繰り返し言います。

②4人グループを作り，その中で，ペアに分かれます。

　　子どもたちを4人グループにします。その中で，さらに2人ずつのチームに分けます。

　T："Please make groups of four. After that, make pairs."

③子ども用単語カードと絵カードを裏向きにして机の上に広げます。

　　グループに子ども用単語カードと絵カードを用意し，裏向きにして広げます。

　T："Spread out the cards face down on your desk."

④各チーム単語カード1枚と絵カード1枚をめくり，同じ意味のカードを探します。

　　各チーム単語カード1枚と絵カード1枚を2枚めくり，出たカードに書かれている単語を言います。同じ意味の単語を見つけられたら，そのカードをもらえます。

（S1・2が先攻チーム，S3・4が後攻チームとします）

S3："What is this?"　　　S1："It's a cap."

S4："What is this?"　　　S2："It's a cat."　　←カードはもらえません。

S1："What is this?"　　　S3："It's a pen."

S2："What is this?"　　　S4："It's a pen."　　←カードがもらえます。

⑤何枚のカードが取れたか数えます。

全員で楽しむポイント

　黒板に単語カードとその絵カードをセットにして貼り，いつでも確認できるようにします。始めは見ながらし，徐々に見なくてもできるようになるとよいです。単語の種類は，今までに何度も触れてきたものから選び，慣れ親しんだ単語を使って活動します。

❷単語や文を使ったゲーム＆アクティビティ

21 文を作ろう
Let's make sentences.

■領域　読むこと・話すこと［やり取り］　　■学年　高学年　　■時間　20分
■英語表現　いろいろな単語，いろいろな表現
■準備物　掲示用単語カード，子ども用単語カード

★ ゲームの概要

　今までに学習した，動詞カードと名詞カードを用意します。その中から1枚ずつランダムで選び，文を作ります。

手順

❶単語を確認します。

　先生が言う後に続いて，子どもたちも繰り返し言います。

❷主語になる単語カードと動詞カードと名詞カードを1枚ずつ選びます。

　代表の子どもに，下に示すような動詞カードと名詞カードの中から裏向きのまま1枚ずつカードを選んでもらいます。

＜例＞

・動詞カード→ like, want, have, see, use, get, make

・名詞カード→ pandas, dogs, a pen, corn, a car, lemons, circles, eyes　　等

T："Please choose one of each."

❸順にカードを読みます。

　代表の子どもが引いたカードを表にし，"You" に続いて全員で一緒に読みます。文が合っていれば代表の子どもは "That's right." と言い，違っていれば "No." と言います。

T："Open the cards."

S："You" "like" "cats."　　　　S1："That's right."

S："You" "make" "a car."　　　S2："No."

❹4人グループを作り，活動します。

慣れてきたら，子どもたちを4人グループにし，上記の活動をします。

全員で楽しむポイント

　慣れ親しんできた単語を選び，活動を行います。複数の子どもたちで読むので，読むことが不安な子どもたちも一緒に活動することができます。おもしろい文が完成すると笑いが生まれて盛り上がり，楽しんで読むことができます。

122

22 名前はどう書くのかな
How do you spell your name?

■領域　書くこと・話すこと［やり取り］　　■学年　中・高学年　　■時間　20分
■英語表現　アルファベット
■準備物　アルファベット表，粘土

★ ゲームの概要

　アルファベットを見ながら形や大きさを捉えて，粘土を使って自分の名前や友達の名前を作ります。

手順

❶粘土を用意して，活動の準備をします。

　T："How do you spell your name? Let's make your name with clay. Do you have clay?"

❷自分の名前を作ります。

　自分の名前に使われているアルファベットを粘土で作ります。名前の最初のアルファベットは大文字で，残りのアルファベットは小文字で作ります。

　T："Let's make your name. Please start with an upper-case letter."

❸グループを作り，自分の名前を順に伝え合い，全員で作ります。

　4人程度のグループを作ります。順番を決めて，自分の名前を順に伝えます。残りの人はスペルを聞いて，作ります。

　S："How do you spell your name?"　　S1："I'm Riho. 'R', 'I', 'H', 'O'."

［アレンジ］

　①モールで name（高学年向け）

　　モールを使って，名前を作ります。大きさが調節しやすいので，高学年におすすめです。作り終わったものを小さい厚紙の上に貼り，ネームカードにします。

　②紙粘土で name（中学年向け）

　　紙粘土を使って，名前を作ります。作ったものが形として残るので，作り終わったら板などに貼り，ネームプレートにします。

> **全員で楽しむポイント**
>
> 　自分の名前から始めることで，誰もが意欲をもって取り組むことができます。この活動で大文字と小文字のバランスやアルファベット同士の間隔も一緒に確認します。活動をグループで行うことで，教え合いながら全員で楽しく活動できます。

4

読むこと・書くことの英語ゲーム＆アクティビティ25

23 これは何かな
What is this?

■領域　書くこと・話すこと［やり取り］　　■学年　高学年　　■時間　20分
■英語表現　いろいろな単語
■準備物　アルファベット表，4線ノート

 ゲームの概要

　ある単語を選びます。その単語に使われている文字を順に伝えます。子どもたちは聞こえた順に4線ノートに文字を書き，何の単語ができるか当てます。

手順

❶アルファベットを確認します。

　先生が言う後に続いて，子どもたちも繰り返し言います。

❷アルファベットを聞いて，書きます。

　先生は，ある単語を選び，その単語に使われているアルファベットを順に伝えます。子どもたちはそのアルファベットを聞いて，ノートに書きます。

T："What is this? Please guess."

T："It has 'f', 'i', 's', 'h', 'f', 'i', 's', 'h'. Write down, please."　　S：("fish" と書きます)

T："What is this?"　　　　　　　　　　　　　　　　　　　　　　S："It's fish."

❸子ども同士で単語を当て合います。

　子ども同士でペアを作ります。1人がある単語に使われているアルファベットを順に伝え，もう1人はその単語は何かを当てます。当てられたら役割を交代します。

S1："It has 'r', 'a', 'i', 'n', 'r', 'a', 'i', 'n'."　　　S2：("rain" と書きます)

S1："What is this?"　　　　　　　　　　　　S2："It's rain."

S1："Great. Now, it's your turn."　　　　　　S2："OK. It has 'm', 'i', 'l', 'k', 'm', 'i', 'l', 'k'."

S1：("milk" と書きます)　　　　　　　　　　S2："What is this?"

S1："It's milk."　　　　　　　　　　　　　　S2："That's right"

全員で楽しむポイント

　アルファベットが組み合わさって，単語になることを意識できるように活動を行います。アルファベットを伝えるとき，1回目と2回目はアルファベットの名前で伝え，その後アルファベットの音で伝えます。音を伝えると，何の単語かを考えやすくなります。始めは，アルファベットの表を見ながら，全員で丁寧に行います。

24 秘密を教えて
Please tell your secret.

■領域　書くこと・話すこと［やり取り］　　■学年　高学年　　■時間　20分
■英語表現　いろいろな単語，好きなものを表す表現
■準備物　イラスト付きのいろいろな単語表，画用紙

 ゲームの概要

"I like" に続けて，単語表を見ながら自分の好きなものを画用紙に書きます。その画用紙を見せながら，なかまに好きなものを紹介します。

手順

❶活動の説明を聞きます。

　まだなかまに伝えていない自分の好きなものを紹介するカードを作ることを説明します。

Ｔ："Do you have secret? Tell us your secret. Let's make your self-introduction card."

❷自分の好きなものを書きます。

　子どもたちは，まだなかまに伝えていない自分の好きなものを書きます。単語表を見ながら，"I like" に続けて画用紙に書きます。

Ｔ："Please write down your secret."

❸なかまに自分の好きなものを伝えます。

　子ども同士でペアを作ります。画用紙を見せながら，自分の好きなものを伝えます。そのものについて話をします。

S1："Tell me your secret."　　　　　　　S2：（画用紙を見せます）

S1："Do you like bananas?"　　　　　　　S2："Yes. I like bananas."

S1："I see. How often do you eat?"　　　S2："I eat it every morning."

S1："Really?"　　　　　　　　　　　　S2："I love bananas."

S1："It's my turn."（と言って画用紙を見せます）　S2："Do you like penguins?"

S1："Yes, I do. I have many penguin goods."　S2："How many goods do you have?"

S1："More than 100."　　　　　　　　　S2："Wonderful."

全員で楽しむポイント

　１文全て書くのではなく，書いてある文に続けて単語だけ書くことで負荷を減らします。"I like" の部分を灰色にしておき，書くのが得意な子どもたちは，文の始めから灰色の字をなぞって，１文を書けるようにします。

25 一文日記を書こう
Let's write a one-sentence diary.

■領域　読むこと・書くこと　　■学年　高学年　　■時間　10分
■英語表現　いろいろな表現
■準備物　掲示用絵カード

★ ゲームの概要

　いろいろな話すことの活動の後に行います。活動の中で話したことの中から，１文４線ノートに書き残していきます。

手順（[Chapter 3 ㉔ いくつ野菜がとれたかな] の活動後の場合）

❶活動の中で使った表現を読みます。

　先生は活動の中で使った表現を黒板に書きます。単語が入れ替わるところには絵カードを置きます。子どもたちは，その文を見ながら活動中の表現とつなげて読みます。

T："Can you read this?"　　S："I have two tomatoes."

❷絵カードを入れ替えた文を読みます。

　先生は絵カードをいろいろな絵カードに入れ替えます。子どもたちは絵カードを入れ替えた文を読みます。

S："I have five eggplants."

S："I have three carrots."

❸自分のイラストを見ながら話した文を書きます。

　先生は，子どもたちに自分の話したことについて書くよう指示を出します。先生の書いたものを見て子どもたちが書けるように，一緒に黒板に書いていきます。１行目には，曜日＋日付を書きます。子どもたちは，活動中に使ったイラストや黒板の文を見ながら，自分が話したことを４線のノートに書きます。

T："Look at your sheet. Let's write a sentence."

＜例＞ Monday, June 26

　　　I have four potatoes.

全員で楽しむポイント

　活動の中で話したことを書くようにし，意味を十分理解した上で書いていきます。始めに，黒板で文字を読み，話したことを文字で表すとどうなるかを確認します。絵カードの部分のみが入れ替わっていることを暗に示し，子どもたちが書くときにその部分だけ入れ替えればよいことに気づかせます。曜日や日付も繰り返し書くことで，定着を図ります。

【監修者紹介】

瀧沢　広人（たきざわ　ひろと）

　東京都東大和市出身，埼玉大学を卒業後，埼玉県の公立中学校で22年間，小学校に6年間，教育委員会に1年間，中学校の教頭職で1年間の勤務後，岐阜大学教育学部の准教授となり，小学校英語教育を専門に研究を行っている。趣味は，旅行，ドライブ，読書，畑仕事等。主な著書に，『小学校英語サポートBOOKS　楽しみながらぐんぐん定着する！アルファベット＆英単語読み書き練習ワーク78』『小学校英語サポートBOOKS　楽しみながらどんどん覚える！小学生のためのアルファベット＆英単語パズル80』『絶対成功する！外国語活動35時間の授業アイデアブック　小学3年』『絶対成功する！外国語活動35時間の授業アイデアブック　小学4年』『絶対成功する！外国語授業33の英語表現指導アイデアブック　小学5年』『絶対成功する！外国語授業33の英語表現指導アイデアブック　小学6年』『小学校英語サポートBOOKS　単元末テスト・パフォーマンステストの実例つき！小学校外国語活動＆外国語の新学習評価ハンドブック』『小学校英語サポートBOOKS　英語教師のためのTeacher's Talk & Small Talk入門』他多数。

【著者紹介】

葛西　希美（かさい　のぞみ）

　1992年岐阜県岐阜市生まれ。岐阜大学教育学部学校教育教員養成課程英語教育講座卒業。岐阜県公立小学校勤務を経て，現在岐阜大学教育学部附属小中学校に勤務。

小学校英語サポートBOOKS
外国語活動・外国語授業のユニバーサルデザイン
英語ゲーム＆アクティビティ80

2021年10月初版第1刷刊	監修者	瀧　沢　広　人
	©著　者	葛　西　希　美
	発行者	藤　原　光　政
	発行所	明治図書出版株式会社

http://www.meijitosho.co.jp
（企画）木山麻衣子（校正）丹治梨奈
〒114-0023　東京都北区滝野川7-46-1
振替00160-5-151318　電話03(5907)6702
ご注文窓口　電話03(5907)6668

＊検印省略　　　　　　組版所　株式会社木元省美堂

Printed in Japan　　　　　　　ISBN978-4-18-283814-9
もれなくクーポンがもらえる！読者アンケートはこちらから

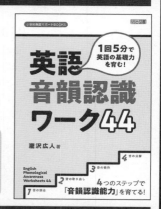